新文京開發出版股份有限公司

NEW WCDP

新世紀・新視野・新文京 — 精選教科書・考試用書・專業參考書

New Wun Ching Developmental Publishing Co., Ltd.

New Age · New Choice · The Best Selected Educational Publications—NEW WCDP

第 **5** 版
5th Edition

人際關係 與 溝通

INTERPERSONAL RELATIONSHIP
AND COMMUNICATION

黃培鈺◎編著

國家圖書館出版品預行編目資料

人際關係與溝通/黃培鈺編著.--五版.--新北市:新文京
開發出版股份有限公司, 2023.11
　　面；　　公分

ISBN　978-986-430-985-6（平裝）

1. CST：人際關係　2. CST：溝通技巧

177.3　　　　　　　　　　　　　　　112018399

人際關係與溝通（第五版）　　（書號：E148e5）

編 著 者	黃培鈺
出 版 者	新文京開發出版股份有限公司
地　　址	新北市中和區中山路二段 362 號 9 樓
電　　話	(02) 2244-8188（代表號）
Ｆ Ａ Ｘ	(02) 2244-8189
郵　　撥	1958730-2
初　　版	西元 2004 年 02 月 15 日
二　　版	西元 2005 年 02 月 15 日
三　　版	西元 2011 年 08 月 31 日
四　　版	西元 2017 年 02 月 10 日
五　　版	西元 2023 年 11 月 20 日

曾 序 RECOMMENDATION

　　人際關係良好，不一定就能夠成功。然而，人際關係不良，那就一定不會成功。人際關係的良好與否，牽涉的層面很多，溝通即是十分重要的一環；人際關係與溝通因此成為大家注目的課題，亦變成生活的重要部分。

　　黃培鈺博士，是我服務於興國管理學院時的同事。三年相處，無論為人處事、待人接物，都為同仁所推崇。擔任學生輔導中心主任，更是費心盡力，不但為同學解決疑難問題，而且隨機闡明生命的道理，使同學即使不能覺悟也不致想不開。所授課程，以生命教育、人倫關係、溝通藝術為主，由於說到也做到，頗有身教言教並重的效果。

　　近日相遇，告知所著《人際關係與溝通》第五版即將問世，其內容由人際論著手，說明人際的意義、人際與生活實務的關係，以及人際的發展；接著人際關係論描述人際關係的形成與建立，分析人際關係的可能情況，並提出改善的對策；然後進入人際溝通論，釐清人際溝通的涵義、作用、價值與重要性，提供必要的技巧；最後以人際關係與人際溝通合用論做為結束，將一般人視為俗不可耐的人際關係，推升到大同福祉的高層境界，確屬難能可貴。

　　我們相信大同世界將在二十一世紀實現，主要關鍵在於大家是否有此信心與決心。如果在學習人際關係與溝通的過程中，能夠對大同世界具有深刻的體認，必能集眾人的心志，結合大家的力量，使人類在資訊全球化之後，締造出真正的世界大同。

　　各界人士對「興國」頗有期待，見面時常以此相詢，並關心有否實際教學內容？如今黃主任以興國的一份子，展開人際關係與溝通的創新內容，應該是很好的回應。

　　特別是當今「愛說話卻不懂得溝通」的人，越來越多。大家破除了往昔「沉默是金」的不說，卻一頭栽進「沒有話也要爭著亂說」的險地，這一門功課，更值得大家用心研討。祈望大家及早體認「說也死」、「不說也死」的危機，走出「說到不死」的轉機，進而有話好說，增進和諧關係，話出快樂的人生！

曾仕強

興國管理學院創校校長
於儒道易行書院

推薦序　RECOMMENDATION

　　隨著經濟的成長，台灣近些年來生活日漸富庶，科技的進步，更早已打破國家的籬籬，真是所謂無疆域的世界；古人有謂：「衣食足則知榮辱，倉廩實而知禮節」，可是台灣的社會，卻在物質充裕的年代，風氣淪喪敗壞，人心冷漠險惡，彼此距離日漸遙遠，委實令人嗟嘆。

　　現今世風日下，固然有許多因素，上至少數公眾人物的不良示範，下至部分販夫走卒的自我唐突，都是理由，但人與人之間的缺乏溝通與互信，也是造成「人心不古」的重要原因；如果人人在行為處事之前，能夠站在對方立場，多多為別人想一想，事前溝通和協調，相信可以化解許多誤解，社會暴戾之氣也會消失許多。

　　本人從事教育工作多年，接觸許多年輕學子，深感年輕的一代，生活倫理上亟待充實與磨練，而不尊重別人、「只要我喜歡」的行為方式，更是有待導正與調整，因此「企業倫理」與「人際關係與溝通」兩門課，乃成為興國管理學院通識教育的重要養成課程，期望本校畢業的同學，不僅在學識專業上能有所成，品德修養也更能增進，而成為社會真正有用之人。

　　黃培鈺教授擔任本校專任教職，又兼學生輔導中心主任重任，與同學接觸機會極多，所學專長與社會服務經驗豐富，於教學之暇撰成《人際關係與溝通》一書，應能對年輕學子有相當之助益，因此本人對此優良之作，樂予為序。

朱浩民

興國管理學院第二任校長

五版序　PREFACE

　　生命是人生的主體、生活是生命的表現、幸福是生命的目的。生命幸福立論在生命價值與生活意義之上。任何人在一生中，想獲得生命的高價值與生活的大意義，則必須把人生的三大要素「人」、「時」與「位」運用得好。人、時與位就是人際關係的三要件。「人」指的是身心靈所構成的人生，「時」就是人生所擁有的時間，而「位」則是人生所寄託及活動的環境空間。人、時與位，可再延伸為世人生命活動五大要件，即人、時、地、事、物。人際是人和人的際遇和相處。人際關係就是人和人之間在人、時、地、事、物五大生活項目中，所產生的各種互動狀況。

　　人與人的際遇和相處，開始了人際關係。良善的人際關係，有助於人與人之間的「人、時與位」有美好與正面的成就，當然也有助於事宜的順利和事業的成功。良好的人際關係是人與人相處、互惠和成事的正能量和關鍵。

　　剛開始要建立良善的人際關係，當然需要有良好的人際溝通。為維持及擁有良好的人際關係，人際溝通的繼續是必要的。人際相處一段期間之後，人際關係可能會變質而形成人際誤會、人際衝突、人際破裂、人際疏遠及人際仇視等不良的人際關係。人與人之間的不良人際關係，當然要運用人際溝通的技巧來加以改善，重新再建立起良善的人際關係。

　　本書旨在說明「人際」、「人際關係」和「人際溝通」及「人際關係與溝通」的意義和重要性，並提供「建立良善人際關係」、「做好良好人際溝通」及「改善不良人際關係」的方法。

　　本拙著又行將第五版付梓，是再為之序。

黃培鈺
於府城孔孟聖道院

黃培鈺　教授

最高學歷

菲・聖多瑪斯大學(University of Santo Tomas)哲學研究所碩士及博士。
美國夏威夷大學(at Hilo)文化與哲學研究。

主要經歷

現任：
1. 孔孟聖道院院長。
2. 台灣儒道易行書院國學及易學教授。
3. 夏威夷國際高等學院(International Hawaii Advanced Institute Inc.)創辦人及兼任哲學與文化講座教授。
4. 內政部立案學術文化團體中華孔孟聖道會創會會長及第一、二、五、六、九屆(2020~2024)現任會長。
5. 內政部立案財團法人台灣省私立天恩師德基金會（文教及慈善）董事長。
6. 台南市文化古蹟導覽解說協會會員兼指導顧問。
7. 台灣世界道慈協會第一、二、三、四屆理事(2011.12~2022.12)。
8. 中華易學教育研究院終身院士兼易經教授。
9. 浩興出版社（股）公司董事長。
10. 聖道生技（股）公司董事長。
11. 利生旺農（股）公司董事長。
12. 府城真儒聖道研究中心儒道指導教授。
13. 崇右影藝科技大學漢學易經技藝講座教授。

曾任：
1. 興國管理學院教授（2000.2.1.~2015.7.31 退休）。
2. 興國管理學院時尚設計與創業學系系主任兼教授。

3. 天主教輔仁大學哲學研究所專任副教授及大學部哲學兼任副教授。

4. 國立台南護專兼任副教授（2 學年：生命教育、生涯規劃兩科目）。

5. 菲・峨旦尼斯大學(Otanez University)兼任講師。

6. 菲・聖多瑪斯大學(University of Santo Tomas)研究所兼任助理教授。

7. 美・夏威夷國際高等學院 (International Hawaii Advanced Institute Inc.)宗教哲學與文化研究所兼任講座。

8. 宜蘭易經學會理事長（創會第一屆、第二屆、第四屆、第五屆）。

9. 大華科技大學工管系易經管理學程易經兼任教授。

👤⁺ 學術專長

東西方哲學領域、道學文化、生命教育、生涯規劃、企業倫理、易經哲學、易經管理學、儒家思想、人際關係與溝通、文化創意與觀光產業、書法繪畫、外語（英語、西班牙語）、科技觀光農業等。

👤⁺ 研究著作(2011~2022)

1. 《真儒大同與文化創意》（浩興出版社 2011.7.25）。

2. 《易經生活美學應用》（易經的文化創意美學），（浩興出版社 2011.12.12）。

3. 孔孟聖道的三寶文化（原儒的三極之道文化），（浩興出版社 2012.6.23）。

4. 孔孟聖道性理真傳（浩興出版社 2013.3.13）。

5. 企業倫理學（企業倫理研究與教育）（新文京開發出版股份有限公司 2013.5.第三版）。

6. 易經之道與生涯規劃（浩興出版社 2014.01）。

7. 聖道儒學與禮運大同（浩興出版社 2014.06）。

8. 大道問〈上部〉（浩興出版社 2015.01.23）。

9. 人際關係與溝通（新文京開發出版股份有限公司 2023.11.第五版）。

👥⁺ 學術研討會論文(2011~2022)

1. 《朱子的格物致知對文化創意的啟示》（2011 台灣大學人文社會高等學院兩岸四地朱子學論壇研討會 2011.10.9）。

2. 《易經鼎卦啟迪文化創意產業》（2011 第二屆海峽兩岸周易論壇 2011.11.12）。

3. 《文化創意產業與優質生活》（2011 第四屆工作與休閒學術與實務研討會華梵大學、原始生活教育協會 2011.12.24）。

4. 《文化創意產業商品的行銷策略》（2012 興國管理學院「珠寶與文觀產業學術研討會」2012.4.25）。

5. 《文創產業與觀光產業的聯合經營：以大智慧文化園區為例》（2012 興國管理學院「珠寶與文觀產業學術研討會」2012.4.25）。

6. 《易學創意－理數合象》（第一屆中華易學現代化學術研討會，弘光科技大學國際會議中心 2012.10.7）。

7. 《易經時位與文創立象》（2011 第三屆海峽兩岸周易論壇 2012.12.8）。

8. 《文化創意產業商品的行銷規劃與推展》一以童年假期飯店為例，（2013 興國管理學院第七屆行銷與物流管理實務研討會 2013.5.14）。

9. 《易道理數象之聯貫應用》（2013 第十六回世界易經大會，國際易經學會中華民國總會 2013.08）。

10. 《易道體用之淺論》（2013 第五屆現代易學應用與經濟發展學術研討會，北京聯合大學應用經濟與管理研究所 2013.09）。

11. 易經之道啟示文化創意經濟（2013 第五屆現代易學應用與經濟發展學術研討會，北京聯合大學應用經濟與管理研究所 2013.09）。

12. 《易經之道的體用合論》（第二屆中華易學現代化學術研討會，弘光科技大學通識學院 2013.10）。

13. 《易經圖騰文化與宇宙時位之通論》（海峽兩岸周易論壇，中華海峽兩岸周易科學交流協會 2014.05）

14. 《觀光文物商品之行銷探討》（2014 第八屆行銷與物流管理學術與實物研討會，興國管理學院行銷與物流管理學系 2014.05）。

15. 《宗教文化與廟務經營－以台南祀典大天后宮為例》（2014 年宗教廟寺行銷學術研討會，興國管理學院文化創意與觀光學系 2014.05）。

16. 《宗廟文化品物研發與宗教文化產業行銷》（2014 年宗教廟寺行銷學術研討會，興國管理學院文化創意與觀光學系 2014.05）。

17. 《易經美學與生命管理》（2014 第三屆中華易學現代化學術研討會，第三屆中華易學現代化學術研討會，弘光科技大學通識學院 2014.10）。

18. 《理氣合象而成物》（2015 興國管理學院易經生活美學研討會，文化創意與觀光學系、時尚設計與創業學系合辦 2015.1.29）。

19. 《易經美學與生命管理》（2015 第三屆中華易學現代化學術研討會，弘光科技大學通識學院 2015.10.5）。

20. 《儒易會通：儒道易行之解說》（2015 第五屆海峽兩岸周易論壇，台南市商務會館 2015.10.16）。

21. 《原儒道與易學現代化之會通研究》（第五屆中華易學現代化學術研討會，弘光科技大學通識學院 2016.10.2）。

22. 《易經天人合德之幸福哲學》（2016 天帝教天人實學學術研討會主題演講論文 2016.12.17）。

23. 《易經哲學與文化創意的綜合研究》（2022 第三屆國學易經與文創經營管理國際學術研討會，崇右影藝科技大學主辦 2022.5.29.）。

24. 《易經三極與真儒聖道之修行綜述》（中華易學現代化學術研討會，主題：易道與心靈力量，地點：台灣大學集思會議中心－蘇格拉底廳 2022.10.30.）。

目 錄 CONTENTS

緒 言　FOREWORD

　　在電子資訊的新時代中，由於科技的高度發展和交通的通運便利，促使人類生活物質文明急遽上升。然而，人類的精神文化和精神生命的幸福卻都跟不上物質文明和發展，甚至兩者差距有越加拉大的現象產生。明顯地，在人際社會裡，人際個體之間的心靈差距與隔閡卻日漸形成，這就是時代性的社會文明病態之一大問題，也是人際活動的一大障礙。在家庭中、在學校裡、在社會上或在其他人群裡，這種人際差距、人際隔閡、人際疏離、人際衝突和人際破裂等人際問題(interpersonal problems)比比可見也。這些人際問題不僅會妨礙人際個體的成長及個人生命幸福，也會阻礙人際團體的發展及社會生活福祉。更甚者，會造成國際之間的衝突，嚴重者，會發生國際之間的戰爭。在這一個物質科技極度發展的 E 時代，人際的問題已經成為新世紀的病瘤，也是二十一世紀的人類難題。為了設法解決這些社會的人際病症(interpersonal diseases)，有志之士及學者便致力於這些問題的研究並尋求解決問題的方法和策略，於是「人際關係與溝通」這一學科應運而生，從事這一方面的研究學者濟濟多士，探討與著作風氣日以盛起，方興未艾。

　　本人自二十八歲起，積極參與社會慈善的志工服務及道統文化的弘揚與傳承工作，至今剛屆滿三十載。深知社會百態與人際病態(interpersonal morbid states)，也曾經解決過許多的人際問題，所幫助與服務過的人數，不敢說多但也不少，於是寫此著作，一則作為教學研究，一則把三十年來對人際方面的經驗，筆之於書，野人獻曝，聊表拙見。於本書付梓之際，在 2004 年 2 月 1 日寫此緒言，以表示著作本書之宗旨。

　　本人曾與賴宗賢先生追隨謝東閔副總統與鄧文儀教授幫助黃石城縣長推動彰化道德縣的工作，越有二載。在易經文化之研究與傳揚，本人曾師學於陳立夫先生、黎凱旋教授及徐芹庭教授，後亦於海內外多地推廣易學，曾多次於美

國洛杉磯、舊金山、夏威夷、新加坡、馬來西亞、菲律賓等地從事易學文化與道學演講。為弘揚孔孟聖學及真儒文化，曾在台灣各地文化中心、澎湖及金門等地作文化宣揚和演講。本人曾追隨林衡衛教授到台灣許多地方作宗教文化及民俗文獻之研究，也曾追隨中華老莊學會會長楊汝舟教授弘揚老莊思想多年。本人有幸與馬樹禮先生相處多年，承蒙教導良多，其間時常參與文化研究及校友會務者，尚有劉達人大使、陳錫蕃大使、許長亨大使、黃景輝博士、蕭曦清博士、譚卓民教授和周虎林教授等，為時越有十年。本人亦曾追隨府城龍展大善人薛福三先生推動儒學文化及慈善工作，時歷一十五載。

本人於十六年前，曾於夏威夷(at Hilo)弘揚儒道及易經文化，並創立夏威夷國際高等學院(International Hawaii Advanced Institute Inc.)與夏威夷大學(at Hilo)學術合作，並敦請夏威夷大學鄭學禮教授兼任院長，從事哲學與宗教文化之研究與推展，每年暑假辦理宗教哲學研究所碩士班（6~9 學分，由夏大授與），每年出版哲學與宗教文化年刊一次。鄭教授辦得甚有成就，與北京大學長年合作，本機構的學術活動曾於八年前促成北京大學設立「宗教學系」。

近三年來，本人甚幸能追隨管理大師曾仕強教授學習中國式企業管理、儒學文化、胡雪巖研究、易經思想及人際關係與溝通。兩年三個月內，每星期一晚間七點到九點曾教授惠與我們授課及研究指導。曾陪曾教授到全島各地去演講，在聽眾中聆聽演講並學習。

本人甚幸，承蒙上面所提及的時代賢人與賢達之指導與開示，學得一些為人處世的方法及服務社會人群的知能。本著作，可以說是本人的社會服務經驗和學習研究心得。本著作亦參考時下對「人際關係與溝通」、「人際關係」或「人際溝通」等深具研究之學者的著作，以見賢思齊的態度對「人際關係與溝通」這門學科寫出教學與研究之報告，並彙集成書。

本拙著分成四篇：第一篇導論篇，即人際論；第二篇應用篇，即人際關係論；第三篇發展篇，即人際溝通論；第四篇綜論篇，即人際關係與人際溝通合用論。

在導論篇中分成三章：第一章「人際」，包括第一節「人際的意義」及第二節「人際的點、線、面、體」；第二章「人際與生活實務」，包括第一節「人際與個人成長」、第二節「人際與社會發展」、第三節「人際與職場文化」及第四節「人際與生命教育」；第三章「人際發展」，包括第一節「人際成長」、第二節「人際關懷」、第三節「人際影響」及第四節「人際合作」。

　　在應用篇中分成兩章：第一章「人際關係的形成與建立」，包括第一節「人際關係的形成」及第二節「人際關係的建立」；第二章「人際關係的進展」包括第一節「人際關係的維持」、第二節「人際關係的改善」及第三節「人際關係的圓融」。

　　在發展篇中分為三章：第一章「人際溝通的意義」包括第一節「人際溝通的涵義性」、第二節「人際溝通的作用性」、第三節「人際溝通的價值性」及第四節「人際溝通的重要性」；第二章「人際溝通的技巧」；第三章「人際溝通的目的」。

　　在綜論篇中分成三章：第一章「人際關係與人際溝通的合用論」，包括第一節「從人際個體論說」及第二節「從人際團體論說」；第二章「人際個體與人際團體的共存觀」，包括第一節「就本然的觀點而言」及第二節「就應用的觀點而言」；第三章「人際發展與人際使命大同說」，包括第一節「人際使命」及第二節「大同福祉」。

PART **1**

《導論篇》

人際論

人類是具有理性的群居性動物。以其理性的能力，人類靠著溝通而行其群居性的生活。這就是孟子所說的「人之於禽獸，幾希。」的理性特點，可以在人群生活的各種過程上，運用溝通而建立、而改善、而圓融的人際關係。一個人和另一個人之間、一個人和一個團體之間、一個人和數個團體之間，都需要有良好的人際關係。團體和團體之間，良好的人際關係是不可或缺的。良好的人際關係才可以使群眾生活過得幸福。沒有良好的人際關係或人際關係乏善可陳，群眾生活的幸福也就自然低落了。

人際關係的建立或改善，溝通是絕無僅有的方策。沒有良好的溝通，當然就沒有良好的人際關係。孟子所啟示的「獨樂樂不如眾樂樂」，就在指示並強調良好的人際關係之重要性。因為群眾的福祉是奠立在人與人之間的良好人際關係之上。

人際關係，簡單的說就是包括人與人之間相處的關係、人與人之間人情的關係、人與人之間互動的關係以及人與人之間人道關懷的關係。以上人與人之間的四種關係，人類自然地都賦有，但卻也常常會有各種不同程度性的消失。於是，在小方面，會引起人與人之間的隔閡、不愉快，甚至反目成仇；在大方面，團體與團體、種族與種族或國家與國家之間會釀成爭端或戰爭。

為了個人生活幸福以及為了群眾生活的福祉，人人都要實際地重視人際關係，並學習建立起有效益的、積極的和良好的人際關係。

人際關係與溝通，包括三個部分：（一）人際關係（二）人際溝通（三）人際關係與人際溝通。我們在此書中，將採用有關的心理學論點，並從這三個部分衍生出哲學性、社會性與文化性的論述。

首先，我們依序地對人際、人際關係、人際溝通以及人際關係與人際溝通四個主題做些簡要性的探討和研究。

本書將分成緒言、結論以及主幹的四篇：第一篇導論篇亦即人際論；第二篇應用篇亦即人際關係論；第三篇發展篇亦即人際溝通論；第四篇綜論篇亦即人際關係與人際溝通合用論。

第 1 章

人　際

　　人際就是人與人之間的際遇和情況，包括了（一）人與人之間相處的際況；（二）人與人之間人情的際況；（三）人與人之間互動的際況；（四）人與人之間人道的際況。這四種際況本然地、自然地存在於人與人之間的各種關係中。

第一節　人際的意義

壹　人際的意謂

　　人際就是「人與人之間的相處」、「人與人之間的人情」、「人與人之間的互動」和「人與人之間的人道」四種際況。簡言之，人際就是人與人相處時的所有存在際況(existential state)。

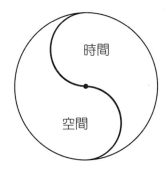

時間

空間

1. 圓心是人際個體或人際團體的人際中心點。
2. 大圓是人際際況包括人際情況、時際情況及空際情況。

　　人際的意義也彰顯出，人與人相處時的所有存在際況，在人類生活中是具有助益性和影響的。

貳　人際的涵義

　　從人與人之間相處、相在或相遇，人際會產生四種際況(state；status)，因而，我們可以認為人際涵義有四種，以英文列出為1.Interpersonal State; 2.Human State; 3.Interactive State; 4. Humane State。

一、人際(Interpersonal State)：人與人之間「相處」的際況

　　人和人之間，開始有了際遇，然後有相處、有連絡，有同在等情況。人和人之間可以有人生相處、理念相處、興趣相處、研究相處、資訊相處和網路相處等。有緣際遇的人、就自然會有短暫性、延續性或長久性的相處。只要人和人之間的相處，「人際」就油然產生了。這種相處的際狀是當人與人相處時，一個人的形象、聲音、語言、品味、和觀點等都會自然進入對方的心中。兩人相處時，兩人的心都會自然地感入對方的形象、聲音、語言、品味和觀點。三人、四人、五人…之間亦同。存之於心，形表於外，動作及行為也互相感染、互相影響。兩人相處，若以一人為主體，另一人為客體，主客體可以互相置換的。例如：張三和李四相處，張三為主體，李四為客體；李四為主體，張三為客體。三人相處，一人為主體，其餘兩人為客體。四人相處，一人為主體，其餘三人為客體。每個人可以輪流為主體或是客體。以圖例示之：

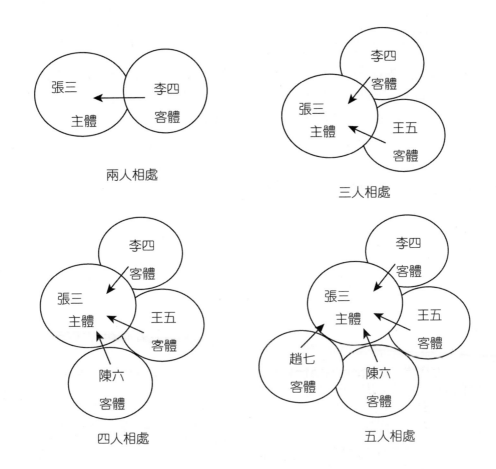

兩人相處

三人相處

四人相處

五人相處

二、人際(Human State)：人與人之間「人情」的際況

此處「人情」指的是人與人之間的人情世故，包括親情、友情、同事情、同學情……等等各種人際情誼，這些人際情誼是人人在社會中自然地產生和存在。這些人際情誼是建立在「人性」之上，也以「人性」作為其出發點。這些人際情誼是人類所專有的，而其他生物和其他動物都沒有的。因為人類具有人性(humanity)，所以人類就自然地有通人情的能力，人類在社會生活中也自然產生並且存在人際情誼(human relationship)。從人類的人性出發，人和人之間就有人際的人情互相交合而發生、而存在。

三、人際(Interactive State)：人與人之間「互動」的際況

人既然具有群居的天性，人自然地會以其理性和其他的人互動(interaction)。一個人的自我智力和自我能力是無法滿足和達成生活的需要。於是，人和人之間的互動，包括互助、互惠、互相影響和互相服務等就自然產生了。人與人之間的互動思考(interactive thinking)和互動行為(interactive behavior)，只要在這兩個人或兩個人以上齊聚時，就隨時隨地而發生。這種人與人之間互動的「人際」，是來自於需要驅力(necessity drive)和情緒感染(emotion infection)。需要驅力源自於人的精神需求和物質需求，需要驅力會促使人和人之間的互動包括精神性的思想和物體式的動作(actions)。情緒感染產生於人和人之間的心理影響(psychological influences)，這是心理影響性的互動，包括思想感染和行為感染。互動性的「人際」是人和人之間的互動際況，包括互助、互惠、互相影響、互相感染、互相服務、互相生活及互依生存等等。

四、人際(Humane State)：人與人之間「人道」的際況

人道即是以人性(humanity)為中心、為出發點以及為依歸的思想和作為，包括人性的關懷、人間的慈善、社會的人情、族群的親情、群眾的同情和人類的大愛等等。這種人道社會性的人道人際(humanity status)，就是造成群眾、族群、團隊、親友、親族、家人等和睦共處、互助合作的原動力，也就是世界和平(world peace)及世界大同(world harmony)的人性驅力(humanity drive)。人道的人際，是人性的本然流露及自然存在。在人世間，之所以在某些地方、於某些時代或多或少地失去了這種人道的人際，是因為這種自然的人性驅力被阻礙、被損傷以及被歪曲，於是人性多少墮落了，人性也因之或多或少地失落了。凡是熱愛生命及關懷群眾的人，都應當要以這種合乎人道的人性趨力來驅策自己和驅策人人走向人群調和、人際和平和人世幸福(Human World Beatitude)。這種人道人際是人與人之間及是社會群眾之間的慈善欣喜的幸福景況(Beatitude Status)。

1. 中間圓心是人際的中心點。
2. 全部大圓是人際的綜合面。
3. 所有的線是人際的關聯線。
4. 人際個體人際團體可為點。

 探索與討論

1. 人際的涵義是什麼？試舉例論述之。

2. 請從人際的四種際況來說明人際的發展。

3. 從人際的互動探討，能促成人際的合作嗎？

第二節　人際的點、線、面、體

　　人際以個人的立場來說，就是自我。自我(self)，此處是指著個我(the individual I)。在人際上，自我是中心點。

　　人際在兩個人之間，就是兩個自我的連線，透過這一條連線，兩個個我就有互動及互相影響。

　　人際在三個人或三個人以上之間，際況就更具群體性，就形成人際的面。在這個人際面上，人群交互地生活。

人際在人和人之間以及在群眾之間加上了時、地、事、物四個配件、自然形成人際的體。人際的體是綜合性的生活體。

壹 人際的點：個我(the individual I)；亦即自我(self)的人際點

個我(the individual I)就是以個人為本位的自我。個我是人際的基準點，在個我與他人或在個我與群眾之間，個我就是中心點；以自我面對他人或群眾來說，個我就是起點；以他人或群眾面對自我而言，個我就成為歸點。

一、個我意義(the significance of the individual I)

個我就是以「個人(individual)」為單位的自我。個我在我一生的生活中就是生命我(the life-I)。個我是具有生命而且以個人生命(individual life)為中心的自我。個我就是我的生存之本體，也就是我的生活之中心體。個我還具有以「我的生命」為本體的「我的生存、我的生計、我的生活及我的存在」。

個我就是具有個別生命的我。我就是我的人生的主人，也就是我的存在之主體。而我的生命就是我的生活原理，也就是我的生活原動力。[1]個我就是具有生命、生命原理和生活原動力的生命我(the life-I)。「個我」在我的生命諸多過程上和我的生活的諸多存在上，是具有絕對關鍵的重要性。

註1： 黃培鈺著(2002.4.30)，《生命教育通論》P.30，新北市：新文京開發出版股份有限公司。

二、個我概念(self-concept)

個我概念也就是自我概念，就是個別性的自我知覺和自我想法。這個自我的概念產生於人際的點、線、面、體的各種際況(status)之上。自我概念是在個我生命成長上、進展上以及個我生活的現象上所產生的、所形成的。張春興教授說：「self-concept 自我觀念，指個人對自己多方面知覺的總合；其中包括個人對自己的性格、能力、興趣、慾望的瞭解，個人與別人和環境的關係，個人對處理事務的經驗，以及對生活目標的認識與評價等。[2] 林欽榮說：「所謂自我概念(self-concept)，是指個人對自己的概括性看法，亦即個人認為「自己是怎樣的人」的一種想法。此種自我概念，固然是自我在成長過程中而形成的，但與他人成長環境中所表現的角色也有密切關係。」[3]

三、個我意識(self-consciousness)

在「人際」上，個我（自我）是中心體。個我在其生命成長上和發展上，以及在其生活各種過程上，與其他人所發展的人際關係，都以其「個我」為出發點。「個我」對其自己的生命觀點、生活理念、心理想法、動作行為、以及對別人、時間、地點、事務、環境事物等的看法。這些看法是其個我（自我）對自己、對人、時、地、事、物的覺知、思考、認知和觀念等的心理歷程。張春興說：「自我意識指個體瞭解自己當時的心理活動情形；指個體覺知到自身存在的心理歷程。」[4]

四、個我自信(self-confidence)

在人際上，個我要建立出良好的關係，必要先有自信。所謂「知己知彼，百戰百勝」。個我的自信是關鍵性的、重要的。張春興教授說：

註2： 張春興著(2002.10)，《張氏心理學辭典》P.586，台北市：東華書局。
註3： 林欽榮著(2002.2)，《人際關係與溝通》P.30，台北市：揚智出版社。
註4： 張春興著(2002.10)，《張氏心理學辭典》P.586。

「自信，是指個人信任自己，對自己所知者與所人能者具有的信心，對自己所做的事或所下的判斷不存有懷疑。」[5] 自信是個我對自己所思想、所瞭解、所判斷及所認知等的自我信任之心理狀態。

五、個我實現（自我實現 self-actualization）

張春興教授說：「自我發展，指個體之身心成長完成符合其本身所具秉賦的歷程。」[6] 他也說：「自我實現，指個體成長中身心各方面潛力獲得充分發展的境界或結果。」[7] 個我在人際上，運用其周遭的人、時、地、事、物，尤其是與他人之間透過有效的溝通而建立出良好的人際關係，進而完成其個我實現。

六、個我表露(self disclosure)

個我把在心中的想法、看法，一方面向有關的人談起，另一方面和他人建立起良好的、密切的人際關係。張春興教授說：「在人際活動中，預期彼此瞭解建立親密關係，自我表露是一種重要歷程。」[8] 自我表露，從個我為出發點，自願地向他人吐露其內心的想法和事情，藉之而建立起密切的人際關係。

七、個我肯定（自我肯定 self-affirmation）

個我是在人際上的第一點。這一個人際點，可比喻為圓心，人際猶如一個圓。我們畫圓的時候，圓心要先固定，畫圓才能順利完成。個我要先有信心、先要肯定自我，人際才能方便且順利形成。個我在人際的建構上，先要肯定自己的存在及自己的價值，要接納自己、善待自己、

註5： 同註 4。
註6： 同註 4，P.587。
註7： 同註 4，P.585。
註8： 同註 4，P.587。

成就自己及信任自己。林欽榮說：「通常，自我肯定與自信是一貫的，凡是越有自信的，越能自我肯定。而越能自我肯定的人，也越為自信。」[9] 個我的肯定，與自信是平衡發展的、是相輔相成的。有成功的個我肯定，在人際相處的各種情況中，也自然能夠順利地、有效地建構起良好的人際關係。

八、個我展現（自我展現 self-expression）

個我為了達成其個體的身心發展活動，個我要展現其能力。在人際的活動上，個我的能力展現幫助其獲致願望的達成及慾望的滿足。張春興教授說：「自我展現，指能使個體的能力展現並由之獲致滿足的活動。」[10] 以個我為基準點，在人際活動上，展現其能力，達成其中心理想（自我理想 self-ideal[11]）個我猶如一個圓心，人際可比喻為一個圓，個我的肯定猶如圓心的固定。個我有了自信，有了肯定時，個我便自然地順利展現其能力，而逐步的展現其個我的願望和理想。

貳 人際的線：個我和另一個個我（別人）之間的人際線

以個我為中心點，個我為主體，另一個個我就是客體。主體和客體之間，其關係自然地連成一條線。在兩人之間的人際，主體和客體可以互相置換(mutual placement)，兩者可以互為主體和客體。

一、兩個人之間的人際線是具有主客互動性的(interactive)

一個個我和另一個個我相遇或相處的時候，主體的個我和客體的另一個個我透過人身的感覺和心理作用，於是產生了互動的情況，包括情

註9： 林欽榮著(2002.2)，《人際關係與溝通》P.34~35。

註10： 張春興著(2002.10)，《張氏心理學辭典》P.587。

註11： 同註 10，P.588。自我理想(self-ideal)，指個人為自己所設的行為與價值標準。自我理想是個體人格發展的重要基礎。

緒的互動和行為的互動。這些互動(interaction)都具有相互影響(mutual influences)和相互感染(mutual infections)。在主體和客體之間的人際線上,具有下列幾種特質:

1. 正面性的線

兩者之間的人際線出現正面性的互惠、互利、互助、互成、互享等等,互相成全及相輔相成的正面性的人際線。

2. 反面性的線

兩者之間的人際線出現反面性的互剋、互害、互礙、互敗、互傷等等,互相傷害及兩敗俱傷的反面性的人際線。

3. 平順性的線

兩者之間的人際線出現平順性的互動。

4. 不平順性的線

兩者之間的人際線出現不平順性的互動。

5. 時平順性時不平順性的線

兩者之間的人際線有時出現平順性的互動,有時出現不平順性的互動。

6. 間歇性的線

兩者之間的人際線是時續時斷的互動,有時有互動,有時沒互動。兩者之間的互動不是從頭到尾一直連續的,兩者之間有時有互動、有時沒互動的。兩者之間的互動不是完全的連線,也不是完全的斷線。

以上 1. 3.是人際關係妥善及良好的線,2. 4. 5. 6.是人際關係不妥善及不良好的線。

1.和 3.就是人際關係和人際溝通的良好成就和理想成果。

2. 4. 5.和 6.都是由不良的人際關係和缺乏有效的人際溝通所形成的人際病況。在兩人之間的人際病況過程上，建立良好的人際關係、改善不良的人際關係和有效的人際溝通正是必須的藥石，也是必用的療法。

在兩人之間的人際線，是否能夠有積極性、正面性和平順性，對「人際關係與溝通」的研究、探討、實踐和訓練是極其需要，也是極其重要的。

二、兩人之間的人際線是具有時空交叉性的(intersected)

時，就是時間、時段。空，就是地點、環境。人與人之間的相處和會合，必須有時空的配合，而時空的配合是交叉性的。時空的配合處就是時空的交叉點(the point of the intersection of time and place)。人與人之間的人際必然由時空交會處所陪襯出來。

在兩人之間，時空的交叉性存在是必然的而且是自然的。時空的交會點，陪襯出兩人之間相處、相會的人際狀況。

三、兩人之間的人際線是具有事物陪伴性的(accompanied)

任何人生活在時空環境中，時刻都有事，也時刻都有物。當然，兩人之間的人際也必然由事與物所陪伴著。事與物在人與人的人際上是必須的配件(necessary accessories)，也是不可缺少的配件(indispensable accessories)。

在兩人之間的諸多人際過程上，事和物隨時隨地陪伴著主體和客體兩者。事和物雖是附屬於主體和客體的配件，但卻是必須性的存在(necessary existence)。

參 人際的面：一個個我和二個或二個以上的個我連織成人際的面

以主體的個我為中心，以兩個或兩個以上的個我為客體，人際就從兩個個我之間的線而形成三個個我之間的面或三個以上的個我之間的面。

三個個我形成的人際面是一個甲乙丙的面。四個個我就形成五個人際面：甲乙丙、甲乙丁、甲丙丁、乙丙丁、甲乙丙丁，其中以乙丙丁的面與甲雖然沒有直接接觸，但透過乙、丙、丁三點形成的甲─乙、甲─丙、甲─丁三條連線也會與甲有關，而且甲也會受到乙丙丁人際面的影響。在甲、乙、丙、丁的人際面中，甲與乙、甲與丙、甲與丁都有直接關係的人際面。五個個我所形成的人際面有甲乙丙、甲丙丁、甲丁戊、甲戊乙、含有甲的乙丁戊、含有甲的乙丙丁、含有甲的丙丁戊、含有甲的乙丁戊以及以甲為中心的乙丙丁戊以及甲乙戊丁丙等十一個人際面。個我人際點越多，人際面亦越多，以此類推。

(1) 三個個我所形成的人際面

⊙甲─乙─丙
（一個的人際面）

(2) 四個個我所形成的人際面

⊙甲－乙－丙
⊙甲－乙－丁
⊙甲－丙－丁
⊙乙－丙－丁
⊙甲－乙－丙－丁
（五個人際面）

(3) 五個個我所形成的人際面

⊙甲－乙－丙　　⊙甲－乙－丙－丁
⊙甲－丙－丁　　⊙甲－乙－戊－丁
⊙甲－丁－戊　　⊙甲－戊－丁－丙
⊙甲－戊－乙　　⊙乙－戊－丁－丙
⊙乙－丁－戊　　⊙甲－乙－戊－丁－丙
⊙乙－丙－丁　　（十一個人際面）

　　從三個個我以及三個個我以上所形成人際面，具有由少而多、由簡而繁的人際面。於此，我們來探討人際面的特質。這些特質就是三個個人以及三個個人以上的人際關係和人際溝通的必然理念(necessary concepts)。

一、最基礎的人際面由三個個我的點所連線而成

　　三個個我都有機會輪流做為主體。一個個我為主體，其他兩個個我便成為客體。在這個面中，一個個我和另外兩個個我都形成了互動關係的線。在兩個客體個我之間也都有形成互動關係的線。在三個個我之間，兩兩所連成的線在這個人際面中產生各種的情形和變化。兩兩所連成的三條線都會互動和互相影響。

二、個我的點數越多，人際面就越多越複雜

　　三個以上的個我，亦是兩兩而形成一條人際線。三條人際線密合自然形成一個人際面。在溝通上，一對一的關係是人際線，一對二及一對二以上的關係都是人際面。在人際溝通上，線而面，一面而多面，情況會從單元化而多元化，從單純化而複雜化，從少層困難化而趨向多層困難化。這就是為什麼我們要研究和探討人際關係與人溝通的必要性(essential necessity)。

三、人際面要靠多條人際線而合成，但有很多線在不密合的情況而無法形成人際面

　　無人際面，團體中的人際關係是不會完成的。或有了人際關係，也不會周全的。這就是人際關係建立和人際溝通的必然重要性(inevitable importance)。

四、以個我為中心，人際面越多，人際關係越多、越寬廣

　　一個人所擁有的人際面越多，他的人生成就也越多。一位成功的領導人或一位成功的公眾人物都擁有既多且廣的人際面。

肆　人際的體

　　人際的形成，人是主要條件，而時、地、事、物是人際形成的需要配件(necessary accessories)。人際除了人與人之間的人為關係之外，人與人相處所需用的時、地、事、物也當然地存在於人際之中。人際的主體和客體，再加上與人際有關的時、地、事、物，使形成了人際的體，簡稱為「人際體」。「具有生命的我處在宇宙之中，人、時、地、事、物是我生命發展的五大要素，生命我、人、時、地、事、物六者是我的生命教育的建構性內容。」[12]具有生命的我，在一生中，有很多人、很多

註12：黃培鈺著，《生命教育通論》，P.9。

時、很多地、很多事、很多物陪著我。以具有生命的我為中心、為主體，其他的人、以及時、地、事、物皆成為「我」的附屬配件(accessory items)。因此，當我和其他人相處時，我和他人就建構出「人我之間」的人際。在建構出人我之間的人際過程上，凡是有關的人、時、地、事、物都進入了「人際」之中。這就是人際的體。換句話說，人際的體包含了人際的點、人際的線和人際的面。亦即人際的體是由我、人、時、地、事、物所結構而成。人際的體，其具體表現便是社會。在人與人之間相處時，不論在兩人之間或三人之間或更多人之間，都會牽動了有關係的人、時、地、事、物，所以凡所形成人與人之間的人際時後都會進展到「人際的體」。

人際體
（以生命個我為主權）

中間的五方形是生命我
大圓是生命我的人際體

一、人際的體仍然以個我為主體

人際的體由個我（生命我）和人、時、地、事、物五者所結構而成。人際中心的我（個我）是第一要件、是中心體，其他的人、時、地、事、物五者都是配備要件。人際的體包含了甚多的因素，其中「個

我」為主體、為第一因素、為首要的基本要件。我要和人建構出人際，如果沒有「我」，那麼我與他人之間的人際也就形成虛空烏有了。

二、人際的體是具有社會性的

人與人之間所形成的人際，是從人際的點為起點、為出發點。其次，主體的點和一個客體的點而連成線。再其次，主體的點和兩個或兩個以上客體的點形成一個或多個「人際的面」，最後都會進展到「人際的體」。不論在兩人之間或在三人或更多人會合時所形成的人際體，不但不只是個人性的，也不只是兩人性的，卻是會牽動很多人而形成群眾性的，群眾性的也就是社會性的。

三、擁有人際的體越多，個我在人生中的人際關係越好

人與人之間的相處，由人、時、地、事、物所結構而成的人際體是一種具體的成就、是一種實際存在的成就。一個個我（人際中的主體）在人際之中擁有越多的人際體，他的人生成就也越大越多，他的社會人際關係也當然地更好。

四、眾多的人際體構成一個關係與共的社會

社會是由群眾所組成。社會是由有人際關係的群眾所組成，其中包括血緣親近的群眾、興趣嗜好相同的群眾、工作性質相同的群眾等。人際體是一個以人際為關係為基礎、為中心的社會整體(social integrity)，是一個關係與共、志同道合以及利益共同體的綜合性社會(compound society)。

人際點是人與人相處起點，人際體則為某一時空環境內階段性完成的終點，其間的過程有人際線的連成和人際面的織成。只要是一個人活在世界上，在社會中的任何人都有以其個我為中心的人際點、人際線、人際面和人際體。只是每個人的人際點是否健全、人際線是否平順、人

際面是否圓融、人際體是否健全，人際點的健全性之高低、人際線的平順線之大小、人際面的圓融性之多寡、以及人際體的健全之密疏，人人都各有不同罷了。每個人以其與他人或與群眾之間的人際為運用，所造就出的人生成就和生命價值也就有種種不同了。

探索與討論

1. 何謂人際的點、線、面、體？並說明其間的互相關係。

2. 請說明人際體與人生之間有何關係？有何互相的影響性？

3. 為何人際體是具有社會性的情況存在呢？

4. 如何應用人際的點、線、面、體來創造成功的人生呢？

第 2 章

人際與生活實務

第一節　人際與個人成長

　　我們以上述之人際的四個涵義與個人成長來做一些連結性的研究。個人自出生以後和家庭、學校和社會就產生密合同在的情況，人離開不了群眾，個人的成長都在群眾的聚落中往前邁進。個人成長是具有持續性和持久性，一直到一個人的生命結束及活動終止，其個人成長也才劃下了終止符。

壹　人際相處際況與個人成長(interpersonal state and individual growth)

　　人一生下來，首先在其家庭中，就自然地和家人相處。人與他人或群眾相處，人際就立即產生了。一個嬰兒的最初期的個人成長和其父母及家人產生了人際。他從小時候到長大，其精神心理也日日地發展。這就是一個人在人生中最早期的成長。

　　襁褓時期的嬰兒，其人際最為單純，人際中有關係影響的人也最少。嬰兒會逐漸成長，他所接觸的人也會越多，其與別人相處所產生的人際也越多元性與更複雜性。一個人的人際，很自然地影響到一個人的個人成長。一個人個人的成長隨時隨著其與別人之間所產生的人際結合在一起，而且互相影響及互相牽動。人際之間的相處情況對個人成長，從正面性及積極性來說，不僅是有助益性，而且有成全性。

　　個人的成長自出生以至於死亡，都時刻依附著社會，個人是不可能離群索居的。個人成長在人際相處情況中，與時俱進地受影響著、受牽連著。也就是說，在一個人成長的某一階段上，他是無法離開該階段中的人際相處際況(interpersonal state)。

一、人際相處際況對個人成長的影響性(influence)

　　一個個我最早的人際相處情況，是在他所出生的家庭，其次是在其家族環境中，然後是在其親友的環境裡，後來是在學校中，最後是在群眾社會裡。一個人的個人成長，從小到老，以至於離開人世，隨時隨地都在進行著。從個人的物質身體來說，一個人隨著年齡，身體的成長至幼兒時期一直到青少年或青年時間表現顯著；到了成年以後就沒有什麼成長，到了老年以後就成了負成長了。身體動作所形成的行為，有正成長，也有負成長。就個人的精神心靈而論，一個人的思維和情緒也會在每個不同的年齡階段上產生正成長及負成長。正成長是成長的一種成長，負成長也是另一類成長。不論是個人的身體及行為的成長，或者是思想和情緒的成長，全都受到人際相處情況的影響。人是群居性和社會性的理性動物，當然在人的所有生活過程中，一定會被「人際相處情況」所影響著。

二、人際相處際況對個人成長的助益性(assistance)

　　從人際相處的情況的正面看，個人成長會受到人際相處的幫助。這種助益性在人際的互動中，是經常有的。例如，一個孩子在父母的撫育及呵護之下，日漸成長。例如，一個學生在師長的教導之下，學問逐漸長進。例如，在職場，一位後輩受到前輩的指導，技術或才能日漸進步。因為一個人從出生到死亡，在終其一生中，與別人或群眾相處，都會產生人際關係，這種人際關係係對一個個人的成長、從正面而言，都有受助性和助益性。「始於出生，終於死亡；人從出生開始即產生親子

及長幼關係，隨著年齡的增長就陸續的發展出同儕、師生、兩性、同事及夫妻關係。」[13] 一個人在其人生過程中，在某一人際相處情況上，有時候是被幫助，於是對一個人是有助益性的；然而，有時卻也會有迫害，於是對一個人是有迫害性的。助益性是正面的、是積極的、是正當的。而迫害性是負面的、是消極的、是病態的。於此，我們所研究討論的是：所以我們要學習及獲得人際相處情況對個人成長的助益性；以益我們要學習及避免人際相處情況對個人成長的迫害性。除去了迫害性，才會有助益性的。

三、人際相處際況對個人的周全性(completion)

　　一個個人在各種階段的成長上，必然會與人際相處情況同時存在。除了一個人在其幼兒時期或少年時代，腦智發展未成熟之外，任何一個人都有可能被教導及被訓練在其人際相處情況中，獲得周全。任何人有缺乏、有不足、有不順、以及有窘困；才需要幫助、才需要周全。周全包括了很多效益性的補強及補助，例如：撫育、教養、栽培、知識傳授、技術授與、工作經驗及經濟支援等。人際相處情況對個人的周全性，在人群社會中，比比可見。一個人的學業成就、事業成功、企業成長或理想造就，全都是享有了這種周全性的。個人的造就不只是一個個人自己的事，而是與人際相處情況有關的「社群」合作所完成的事。個人受到了「人際情況」的周全，才有成就、才有成展、才有成功。

貳 人際人情際況與個人成長

　　人類從原始的草昧時期歷經一段很漫長的時間才到了今日的資訊文明時代。在每一個時代裡，人類在生活中都產生了人與人之間的「人情」際況(human state)。只要有人群，就有人情際況。人情就只人與人

註13：楊慕慈(2002.5)，《人際關係與溝通》，P.1~13，台北市：禾楓書局。

之間的情感和感情(emotion & feeling)。人與之間的人際互動,會產生情感性的行為(emotional behavior[14])。人和人的相處,會產生情緒,情緒的發展就會產生情感性的行為。情感性的行為會使人際之間產生正面的感情或負面的感情。正面的人際感情對個人成長有助益性。負面的人際感情,對個人成長有迫害性。正面的人際人情際況,會產生良好的人際關係,當然對個人成長有利。相反地,負面的人際人情際況,會產生破壞良好的人際關係而變成不良善或惡劣的人情關係,對個人成長有害或有大害。

一、善立人情關係

在人際之間,要好好的建立人情關係。有發生過人際感情的才有人情關係。互不相識或不相處的兩人或兩人以上之間,是沒有人情關係。因此,當人與人相處時,要珍惜機緣、要愛護情分,除了互助合作之外,互相體諒及互相謙讓是必要的。保持並延持良好的人情關係,對個人成長有助益且助益會是長久的。例如,在同學與同學之間的人情關係,不僅是在幾年之間,甚至可以擴大到長遠的未來。這種際況,在社會中,我們可以容易地發現。

二、善用人情關係

建立良好的人情關係,要善用這種有利於個人成長的人際關係,而不可存心不良也不可以濫用人情關係,要避免良善的人情關係變成不良善或惡劣的人情關係。我們研究「人際」的目的就是要永保良善的人情關係。

註14: 張春興(2002.10),《張氏心理學辭典》,P.224,台北市:東華書局。Emotional behavior 情緒性行為:指行為之產生與變化起因於情緒因素者。

三、擴大人情關係

一個人在其個人成長的過程當中，受到很多人的照顧和幫助，除了學會善立和善用人情關係之外，有效地擴大人情關係是必要的。認識越多人，辦事或解決困境就越容易。這就是「人情關係多好辦事」的道理。一個越懂得人情世故的人，他就越懂得如何去結交人群並進而擴大人情關係。一個想獲得多方面及大成就的個人，是一個懂得並做好「擴大人情關係」的人。在古今社會中，很多成大功、立大業的人在「擴大人情關係」方面，都是做得很好的人。要擴大人情關係，要遵守「溫故而知新」的原則，使舊有的良好人情關係保持著和繼續發展，並且不斷地開發和建立新的善良人情關係。

參　人際互動際況與個人成長

人與人相處，一定會產生互動，包括了情緒性的互動(emotional interaction)和行為性的互動(behavior interaction)。人際互動對個人成長會產生正面有利的成長，也會產生對個人成長有害的負面互動。因此，要在人際之間成功地獲得對個人成長有正面、有利的互動，就要善加去學習和研究如何去選好互動的對象、安排好互動的事以及用良好互動的方法和策略，而且也必要地避免並排除不良善的互動對象以及不利的人際之互動情況(human interactive state)。

一、建立良善的人際互動情況

良善的人際互動情況，在個人成長中，對情緒上的涵養和行為上的表現，都有正面有利的助益。

1. 知己知彼的方策

與人建立良善的互動，必須先瞭解自己的狀況、衡量自己的實力、觀想自己的需要和肯定自己的目的，並且也要觀察對方、瞭解對方和評

估對方。建立良善有利的人際互動，要避免並防範不良善且有害的人際互動。

2. 人際衝突的避免

　　人際要善加培養和建立，而且要盡量地避免人際的衝突。Cahn (1990)指出：「人際衝突(interpersonal conflict)是指人與人在互動之中，因利益不同或意見相異所產生的事件。」[15]「interpersonal conflict 人際衝突，指人與人之間因意見不合或感情不合睦而起爭執的情形。」[16] 人際衝突是人際互動及人際合作的關鍵性阻礙。要如何避免及解決人際衝突呢？方法很多，諸如：(1)傾聽別人的意見，不強搶說話或亂插口。(2)善我涵養，尊重別人的想法和意見。(3)態度謙恭有禮，說話及行為不要唐突。(4)要有同理心，適時適度的讚賞對方。(5)善加諒解，不誤會對方。(6)不欺瞞對方。(7)不刺激、不攻擊對方。(8)不取弄對方缺點。(9)不貪利、不占便宜。(10)不壓迫、不強迫對方。(11)誠懇待人、誠心合作。排除人際衝突，才會有良好的人際互動。

3. 平等互惠的原則

　　與人互動要遵守平等互惠的原則。在人際公平的情況之下，才能產生良好的互動關係。在社會活動的過程中，人與人之間的互動都有相互交換的行為存在。因為人類社會是互助的社會，在互動和互相服務的活動中，互相交換的行為一直存在社會群眾中。互相交換而合乎平等原則、要合乎公平性。「公平理論(equity theory)引用了社會交換理論，認為人際行為亦存在酬賞與代價的想法，但是更進一步發展出了公平的概念，亦指社會交換關係的雙方會進一步衡量彼此所得利潤是否公平。因為每個人都不喜歡自己被人利用的感覺，也不願意占別人的便宜。」[17]

註15： 楊慕慈(2002.5)，《人際關係與溝通》，P.2~5。
註16： 《張氏心理學辭典》，P.344。
註17： 鄭佩芬(2003.9)，《人際關係與溝通技巧》，P.160，台北市：揚智出版社。

　　既然是人際互動，就有互謀福利、互施惠利及互與恩惠的行為表現。有互惠的互動，才能動得起來，才能有互相人際吸引[18]、互相人際需求、有互相補足的動機和誘因存在，因而才能有延展性及持久性的人際互動。人際互動符合了平等互惠原則，人與人之間才會產生相互尊重、相互興趣、相互好印象、相互好感。張春興教授說：「人際吸引指人與人之間彼此相互有好感而建立友愛感情的心理歷程。」[19] 有了人際吸引就會有良好的人際互動，人際衝突就自然地消失了。

　　平等互惠在人際過程中產生良善的人際吸引，使人際互動建立起來並維持長久。

二、良善的人際互動情況對個人成長的助益

　　良善的人際互動情況，對個人成長有心靈方面及身體方面的助益。在人際互動的過程中，有精神性的互相感染(mutual infection)、互相模仿及互相啟發；有身體行為及物質造就(mutual achievement)的相互影響、互相學習和互相成全。

1. 對個人心靈提升的助益

　　包括思想和情緒方面的助益。

　　(1) 對個人思想成長的助益

　　　　在人際互動的過程中，在精神性的思想上，是會有互相感染、互相模仿和互相啟發的。良善的人際思想互動，會產生良善的個人思想成長。人的心靈在人際互動時會產生思想交流，會有溝通，會有感受會受影響。

註18： 林欽榮(2002.2)，《人際關係與溝通》，P.45，人際吸引：在個人有了良好的知覺後，彼此才有可能形成相互的吸引力。這就是所謂的人際吸引(interpersonal attraction)。

註19： 張春興(2002.10)，《張氏心理學辭典》，P.343。

　　　　a. 互相感染對個人成長的助益

　　　　　互相感染，就是互相影響，兩者之間或者是兩者以上之間在相互影響的過程上互相地受到或得到他者的一些狀況。良性的人際互相感染，是亦於人際之間的每一個個人。在思想上，良好的互相感染，會有利於人際間每一個個人的心理思想。

　　　　b. 互相感染對個人思想端正的助益

　　　　　人非聖賢，孰能無過？人在其思想的建立及形成，亦難免會有過錯。結交益友及與良善的人在人際之間的互動，當然會受到良性的感染並且沒有惡性的感染。於是，近朱者赤，受到益者三友的良善感染，一個人不端正、不正確的思想都會受到良好的影響而逐漸改善和改正。人際之間，參與人際互動的每一個人都會有互相感染及互相影響。從正面的人際之間的活動觀之，的確地，互相感染對個人思想端正有所助益。

2. 對個人情緒成長的助益

　　每個人都會產生情緒。任何人只要受到外來的刺激或受到內在生理的感覺以及心理的知覺，自然地都會產生情緒。情緒有好壞、高低、喜怒、愛恨、樂哀等正負面之分。良善的人際互助，對個人的情緒成長有所助益，對個人情緒的穩定也有所幫助。

　　(1) 互相感染對個人情緒成長的助益

　　　　　人際相處對個人的情緒有互相感染的作用，有正面與負面的影響，正面感染的作用有助益於個人情緒的正成長；負面的感染作用有危害於個人情緒的負成長。此處，我們在肯定正面的相互感染對個人情緒成長的助益。至於負面的情緒病態不是我們所要學習和探究的。在人際正常發展上，人與人在心靈上的互相感染，相輔相成和互相助益自然會產生。當然對個人情緒成長來說，也自然地有所助益。個人的情緒成長也就會往正面和積極的方面發展了。

(2) 互相感染對個人情緒穩定的助益

　　任何事都在穩定中，才能有正確和正常的發展。任何人的情緒發展亦是相同。在人際互動過程上，其心理交互作用所產生的情緒之互相感染對參與人際活動的任何人都會引起影響。良善與良性的互相影響，個人的穩定的情緒會使另一個個人情緒的搖晃不定及心緒不安等情況，逐漸趨向心理安定與情緒穩定。這正是孔子所啟示的「益者三友」的影響和助益。人際之間的正常與良善互動，對參與人際活動的每一個個人的情緒具有正面的穩定作用，也自然地會在所有個人的情緒穩定狀況有所助益。

肆　人際人道際況與個人成長

　　在人際個體的個人成長的諸多過程上，每一個人在其一生中經常地受到社會群的人道親情、人道慈愛、人道教育、人道關懷和人道濟助等，個人成長不論在心靈上或身體上皆因而能發展與充實，個人成長也因之而能繼續與持久。

一、人道親情與個人成長

　　每一個個人自出生的第一刹那起，受到其父母、其家人及其親戚的人道親情之照顧與撫育。長大成人之後，與其家人仍然以人道親情而互相照顧與互相幫助。在正常的情況之下，這種人道親情將陪一個人從出生以至於年老，一直到一個人離開人世而後止。

二、人道慈愛與個人成長

　　每一個個人在其個人成長之中，除了受其父母和家人及親戚的人道慈愛之外，也經常受到社會人群的人道慈愛。尤其，一個人發生或遇到不幸的事時，常常有慈善人士、慈善團體及宗教團體以人道慈愛來協助他。一個人在社會的人際活動中，常常會接受到人道慈愛的。

三、人道教育與個人成長

　　每一個個人在其個人成長的過程上，除了受到專業知識教育之外，人道教育也時常幫助一個人的個人成長。比如在家庭及社會中的道德教育、倫理教育；以及在企業界中的企業倫理教育。

四、人道關懷與個人成長

　　同樣地，一個人在其個人成長中也經常會有受到人道關懷。在正常的情況之下，家人、親戚、朋友和社會群眾對一個個人的生活成長或多或少都會提供人道關懷。

五、人道濟助與個人成長

　　人道濟助就是人道救濟和人道幫助。在社會的活動中，人與人之間的互相幫助，發揮人道的互助精神，這就是所謂的人道幫助。凡遇有天災人禍、家庭困窘或個人不幸，社會上常常有善心人士及慈善團體出來提供人道救濟。

探索與討論

1. 在個人成長的各種過程中，個人需要哪些人際的人道施與？在你的個人成長中，你有哪些經驗呢？

2. 就九二一大地震的情況，請述說人際社會發揮了哪些人道的工作？試舉例說明之。

3. 在企業界中，個人成長會受到人際的人道教育嗎？請舉例說明之。另外，在職場上，你認為人際的人道教育需要嗎？重要嗎？為什麼？

第二節　人際與社會發展

　　人際的相處與互動，產生了人際關係。人際關係就是社會發展的基礎。在人際社會發展活動中。每一個人際個體應當循著社會調適與社會適應，形成社會同化，使每一個個體能有正確的和正常的社會態度，進而促使社會有健全的發展及造就社會群眾的福祉。在人際社會中，何謂社會調適，社會適應和社會同化呢？張春興教授說：「（一）社會適應(social accommodation)，指個體能在團體中順應社會規範，並與其他個體成員保持和諧人際關係的適應歷程。（二）社會適應(social adaptation)，指個體接受社會規範，在行為上符合社會要求，而能與別人和睦相處的生活狀態。（三）社會同化(social assimilation)，社會同化是社會互動的過程。在互動中，不同文化、不同次文化或不同文化背景的人，融合於一個同質文化之中。」[20] 從以上三個有關個人與社會發展相互關係的指示，我們可以瞭解，在參與人際互動活動的每一個個體和社會發展都有密切的關係，個人影響著社會，社會也影響著個人。這正是人際與社會發展的最好寫照。

壹　人際與社會的健全發展(interpersonal state and the sound developments of a society)

　　在人與人之間相處及交互活動之中，形成了社會活動。林欽榮教授說：「個人參與社會活動的程度，是決定社會地位的一項重要因素。個人積極參與社會活動，較能得到社會親近行為，獲得別人的認同，從而具有某些影響力，其人際關係自然較為暢旺。蓋人際關係的本意，就是他人對個人看法的好壞，以及個人對他人看法的好壞的綜合。因此社會

註20：同註 19，P.608。

活動力往往是決定人際交往的因素。」[21] 個人與其他一個個人或兩者以上的個人的人際相處與活動，循著正常的途徑，對社會的健全發展有正面作用。在人際相處和人際互動的諸多過程中，個人和人際的機制都與所處的社會會產生互相牽連及互相影響的關係。參與人際活動的個人和兩個或兩個以上的個人所組成的人際機制，以及人際關係發展及其取向，都與其所處的社會狀況有互動的關係。徐西森教授說：「人際互動行為的差異除了受到人類型為複雜性，個別差異的影響之外，也與其人際關係的發展取向和所處的社會結構有關。」[22]

經由人際相處的正常和正確的互動取向和延展，參與人際活動的每一個個體對社會的發展都會有貢獻和助益。正常和健全的人際機制(interpersonal mechanism)有助益於社會的健全發展，對人際所處的社會結構也自然地會促進其健全發展和形成的功能。張春興教授說：「social structure 社會結構，指社會團體中成員們彼此的關係。關係中有縱的關係，有橫的關係；有縱的接近關係，有疏遠的關係。由此等關係形成組織，組織可能是有形的，也可能是無形的。」[23] 參與人際相處及互動的所有個體，在正面及良善的的進行之下，對個體所形成之社會結構的發展以及機制性之社會組織的形成，均有積極的助益作用。

貳 人際與社會的群眾福祉(interpersonal state and the masses welfare of a society)

社會是所有人際個體的總合結構。就社會的積極性和功能性而言，社會是為群眾的福祉而存在。

註21： 林欽榮(2002.2)，《人際關係與溝通》，P.69。

註22： 徐西森等著(2002.11)，《人際關係的理論與實務》，P.13，台北市：心理出版社。

註23： 張春興(2002.10)，《張氏心理學辭典》，P.614。

人際的交互作用及互助合作，使社會結構有正常和趨向健全性的發展。社會的健全發展自然地會產生群眾福祉。社會的群眾福祉亦來自於人際活動的良善進展，也繫之於良善的人際機制以及健全的社會結構的發展。社會的群眾福祉是來自於良好的人際個體以及良善的人際活動。有健全的人際社會發展，才會有社會的群眾福祉。

探索與討論

1. 人際的相處情況對職場上人際個體有何影響性？

2. 在人際的相處情況上，個人如何去獲得人際團體的支持與幫助？

3. 如何在人際人情的際況上善立人際關係？如何善用人情關係？

4. 如何建立良善的人際互動情況，請舉例論述之。

5. 請說明人際與人際社會發展的互相關係。

第三節　人際與職場文化

個人與個人之間的人際情況，在職場上會產生很多人際活動。職場上的各種活動會產生很多的職場文化。這些由職場人際互動所產生的文化，與人際個體的謀生和工作有直接和密切的關係；與人際團體的事業和結合有促成和推展的關係。一個人與他人之間的互動及交互合作可以創造和發展職場文化，也可以改變和改良職場文化。但是一個人也會受到人際職場的文化影響而對他的人生會有實質性的改變。人際團體的事業也會因為人際之間的互動而有所變化、有所影響。

壹 職場文化的形成

在職場上，人與人之間的相處及互動需要有計畫、有商量，有配合及有合作。職場也是一個人際社會，在職場上的生活也是社會生活。職場是有機制、有功能、有責任、有競爭、有績效和有待遇的實際社會，比一般的群眾社會更具實際性和功利性。

「實際生活經驗中，我們有計畫地與他人見面，分享彼此的接觸機會，而且生活中可預測的例行活動會持續地促使我們與我們瞭解較深入的人頻繁地接觸。」[24] 在人際職場社會中，同事或同儕的頻繁接觸、互相研究和工作檢討，互相分享工作的結果及工作報酬。職場文化具有人際互動的實際生活文化及實質經驗文化。

在職場的人際社會中，其文化動脈建立在人際關係上，也就是人際之間的互動關係。所以，人際職場文化中的互動關係文化也是占著非常重要的地位。在人際職場的互動關係可分成體制內的（職場本體）以及體制外的（與職場有關的外在人際），如以公司而論，就是公司內在及外在的人際關係。林欽榮教授說：「就人類生涯而言，他們一生當中為謀求生活就必須從事於工作，而工作中與人相處的關係往往是決定事業成敗的關鍵。因此，在組織中工作必須尋求與他人合作，建立或維持良好的人際關係是人際合作的基石。」[25] 林教授把職場上的人際互動關係分成：與上司的互動關係、與同事的互動關係、與部屬的互動關係及與外界人事的關係。[26] 一個個人在人際職場上，與工作有關的同儕互動關係及合作關係形成必然性的職場文化。

註24： 魏希聖、謝雅萍(2004.2)，《人際關係 human relationships》，P.116，新北市：韋伯文化公司。

註25： 林欽榮(2002.2)，《人際關係與溝通》，P.212。

註26： 同註 25，P.211。

貳 職場文化的性質

　　職場上的人際文化有正面及負面兩種，這兩種文化直接影響到職場個體的工作情緒及職場的工作情況，自然地影響職場工作的效率、績效和成果。這一方面的文化在人際關係與溝通中是要積極地建立正面的人際文化，要滅除不良的人際文化，對善良的人際文化要維持、要推動、要鼓勵以及要永續地發展下去。在職場中的各個公司、工廠、事業機構、公家和私人企業都十分重視和關懷「人際正面」的文化，對每一個人際個體都要求要具有良善的人際文化的學習和素養。人際互動的正面文化是積極的、協調的、互助的、融合的、禮貌的、和諧的、分享的、負責的及合作的等等人際文化。

　　職場文化是眾多人際個體結合所創造、所產生的集體文化。良好的職場文化需要兩種條件，（一）職場機制或組織之良好的職場理念和公約規章；（二）職場中的每一個人際個體都要接受職場教育和具備正面、良好的職場文化素養。人際個體一方要學習職場的良好文化，另一方面也要參與良好職場文化的推展。每一個個體具有良好的職場文化和素養，團隊的職場文化也自然地形成既良好又富有情誼的人際文化。

探索與討論

1. 就人際的立場，請說說職場文化是如何形成的呢？

2. 試述職場文化的性質，並請論說職場文化對個人成長會有什麼影響。

3. 你認為良好的職場文化需要什麼條件呢？

第四節　人際與生命教育

生命教育，於最起始時，是在西元一九七九年澳洲雪梨所成立的「生命教育中心(Life Education Center)」致力於「藥物濫用、暴力與愛滋病」之防治，後來漸擴大範圍，只要有關生命的關懷、生命的協助、生命的福祉、生命的價值及生命的意義均包括於內。[27]

「由於毒品的濫用，性氾濫所引起的愛滋病，精神疾病或生活焦鬱所引起的自殺、自殘、殺人、傷人等不幸事件，使整個社會生了嚴重的病。這種對生命的威脅、有殘害問題不只存在於社會中，而且也漸漸進入校園，並且其嚴重性與日劇增。」[28]

人際發展是時刻關懷和造福群眾的，與生命教育的關懷社會、造福社會的目的都是具有類同的意義。人際個體是生命教育所關心及重視的對象。生命教育對人際團體的生活福祉和人生意義本然地關心和重視。人際是生命教育的推展處所，生命教育是人際所需要的知識和理念。

生命教育所研究的五大課題：生命的生存、生命的生活、生命的成就、生命的事業和生命的死亡。

我們在探討「人際與生命教育」的論題上，就從這五個生命課題論起。

人際體
（以生命個我為主權）

中間的五方形是生命我
大圓是生命我的人際體

註27：黃培鈺(2002.4.30)，《生命教育通論》，P.4。
註28：同註 27，P.5。

壹　人際與生命的生存

　　人際活動就是人和人之間的生命活動。當然人際和生命的生存關係是直接又密切的。任何人都具有生命。每一個人際個體都以生命為其人際活動的中心體。沒有生命的生存，人就不存在，當然人際就消失了。生命的生存對一個人際個體的存有具有關鍵的決定性。人際的存在當然以生命的生存為基本。生命的生存代表著一個人際個體以其生命的活動而彰顯。社會人際，就是群眾的生存生命聚集在一起，以群體生命而互動。

貳　人際與生命的生活

　　人際活動就是生命的生活活動，在群眾的生命生活過程，人際相處及產生人際互動的活動，也自然產生人際關係。群眾的生命的生活表現，其實就存在於人際相處之處，人際之間的感情和情感，本然地存在人和人相處的生活之中。人際互動也自然存在於群眾的生活現象之中。人際之間互助合作的原動力也表現在社會人群的生活裡。生命的生活幸福更依賴在人際之間的互助、互惠、互利、互相照顧和互相關懷之上。

參　人際與生命的成就

　　一個人際個體，除了個人的努力之外，要想有生命的成就，必須依賴著人際群眾的配合與幫助。生命教育始終在指導人的生命成就。生命教育提醒和教導人際群眾要以理智和智慧來營造生命的成就。在人際的諸多過程上，人人皆有其生命的成就，只是成就的大小不同、成就的價值高低有別罷了。一個人際個體想要在人際之中安身立命、奮發有為而獲得生命的成就，必須要靠自己及人際有緣者共同互助及共同合作。任何一個人，謀生需要人際群體的相輔相成、互相服務與互相造福。一個人想獲得生命的成就亦需要人際群眾的支持和協助。

肆 人際與生命的事業

以生命為原動力本源、以生命為中心的事業就是生命事業。本人曾在生命教育研究上說過：「生命嵌入人身而與人身相輔相成地創造生命的事業。生命是人活著的必然條件，生命在現象界產生的各種活動，就稱之為人事(human affairs)。有經濟價值的人事(economical affairs)統稱之為事業。事業是有經濟效益的人事業務(personnel affairs)。人生活在群眾中，與他人的一切經濟性之交易行為自然產生事業。」的確地，人的生命事業必須靠著人際的力量而促成。

伍 人際與生命的死亡

任何一人的生命生存必須靠著人際之互動。相同地，任何一個人的死亡亦必須靠人際的互動，而料理其後事。

一個人際個體的生命死亡，人際群眾的合作而辦妥其後事。死亡者的家屬亦需要人際的關懷和安慰。死亡者的殯葬禮事亦需要人際活動而彰顯出其哀榮。況且一個人際個體的死亡，也會帶動人際的商機及人際的工作機會。人的死亡也會帶給人際群眾的一些生命啟示。生命的死亡永恆地與人際同在。因為任何人都會死，人際中的每一個人總有一天都會面臨他自己的死亡，但在其死亡之前，他必然先面臨人際中其他人的死亡。

探索與討論

1. 人際發展與生命教育之間有什麼互相幫助的關係？

2. 請論說人際與生命教育的五大課題有什麼關聯性。

3. 請說明生命教育對人際個人成長及人際團體的發展有何助益性。

第 3 章

人際發展

在社會活動的過程中，人際之間的相處和互動，自然地產生人際關係。人際關係有積極性和正面性。積極和正面的人際關係，對人際結合(interpersonal conjunction)和人際合作(interpersonal cooporation)有促進作用及達成作用，對人際的發展也有相當的幫助和成效。人際發展，隨著人際個體和人際個體相得益彰地配合與互動，就自然地形成積極和正面的人際成長。人際有了發展，就有了成長。在人際的發展過程中，由於人際個體受到了對方的關懷，於是他自然地以互動的方式而互相做人際的關懷。在人際發展的進行過程裡，人際之間會產生人際影響，在人際行為、人際思想和人際情緒都會自然產生人際影響。當然人際合作就是和人際發展中某一個階段段落的成果。

第一節　人際成長

在人際活動中，積極與正面的互動會促進人際成長，一方面人際個體會獲得身心成長，另一方面人際個體也會有社會知能的成長，人際成長在人際互動中也會促進良好的人際關係。林榮欽教授說：「就個體而言，個體在生活過程中常有不同的身心發展階段，而這些階段也擁有不同的社會適應能力，從而影響到個人的人際關係。」[29] 人際活動中的人際成長，對一個人際個體來說，從生至死，一生中都在行其人際發展，而其人際成長也在不斷地進行著。

註29： 林榮欽(2002.2)，《人際關係與溝通》，P.24。

　　根據美國哈佛大學心理學家艾瑞克遜(Erik E. Erikson)[30] 在他的著作《心理發展論》(Psychology Theory of Development)中把一個人從生至死的一生過程分八個時期。這八個人生不同的階段，皆有其不同的心理狀態，也具有不同的心理發展和人際成長。艾瑞克遜把這八個時期稱為心理社會期(psychology stages)，分別為：(1)1 歲時期；(2)2~3 歲時期；(3)3~6 歲時期；(4)6 歲～青春期；(5)青春期；(6)成年期；(7)中年期；(8)老年期。[31] 在這八個人生的時期裡，每一個個體都會隨著其心理的發展，在人際社會中，產生不同的心理狀態，也自然地形成人際發展的不同情況，對人際成長也具有相當與相關的影響性。

　　此處照本著作所提過的「人際四個涵義」來論述人際成長的情形。

壹　人際成長與人際相處的際況(Interpersonal Growth and Interpersonal State)

　　人際相處時，每一個人際個體都會在人際互動的情況中受到影響。每一個個體的心理和行為都有可能進入別的個體的心中而去影響他的心理和行為。而人際成長就會隨著人際活動過程而產生心理的與行為的變化。人際成長會在人際互動中，經由人和人之間的人際相處、理念相處、興趣相處、研究相處、資訊相處和網路相處的影響，會隨時空環境進行著。處在人際相處的情況之中，人際成長會幫助所有參與人際活動的個體獲得良好的群眾性和聚落性的關係。

註30：Erik Homburger Erikson(1902～)，心理社會期理論創始人。美國哈佛大學心理學教授。

註31：張春興(2002.10)，《現代心理學》，P.387，台北市：東華書局。

貳 人際成長與人際人情的際況(Interpersonal Growth and Human State)

人情指的是人與人相處和互動所產生的人類情誼,包括所有的人與人之間的人情世故,比如:親情、友情、同學情、同事情、同志情、同鄉情、同胞情和人類情等等。

個人的人際成長及團體的人際成長一定會存在人際人情的際況之中,而且也隨著人情際況在人生的各個階段中一直地進行著。

參 人際成長與人際互動的際況(Interpersonal Growth and Interactive State)

在人際活動中,只要有接觸、有相處和聯絡等等的存在,自然地就有進一步的人際互動。人際互動有積極性的和正面性,也有消極性和負面性。前者是對人際成長有助益性的。後者對人際成長是有迫害性的。在人際互動的際況,每個人際個體正處在個人的人際成長之中,團體的人際成長也在人際互動的際況裡進行著相關的及共同的人際成長。人際互動有互談、互助、互惠、互相鼓勵、互相安慰、互相提攜、互相影響、互相感染、互相服務、互相依偎…等項目。這些都會對個人的人際成長及團體的人際成長有助益性的幫助和促成。

肆 人際成長與人際人道的際況(Interpersonal Growth and Humane State)

人道的際況對人際的成長最具關懷性與惠益性。人道人際的良好和慈善關係,可以造成人類、群眾、族群、團隊、親友、親族、家人等和睦共處、互助合作、相輔相成、相親相愛的人際福祉、個人和團體都會在人際的人道活動中,得到溫馨、安樂的人際成長。凡是具有人性和慈

悲為懷的個人或團體，都會以人道的精神和人道的作為進行和創造人際調和、人際和平及人際福祉(Interpersonal beatitude)。人際成長在人際人道中，獲得生命關懷、生活的幸福和心靈的安樂。

 探索與討論

1. 請討論在校園生活中的人際成長。

2. 在人際互動的際況上，請述說每一個個體在家庭中的人際情況。

3. 舉例說明人道際況對社會福祉的貢獻。

第二節　人際關懷

　　人類是具有理性的群居性高等動物。人類以理性而行其理智生活。為了合乎理智的社群性生活，人類需互相關懷。人類社會是以人際關懷作為社群生活的基本情誼。人類的人性，在正常的情況之下，在與同伴或與同儕相處，自然地人類會表現出人際關懷。一般來說，人與人相處時，只要沒有人際衝突及沒有人際破裂，人人都會以人際關懷而互相扶持及互相對待。因人際之間只要沒有不良善的因素存在，人際和諧[32]或多或少都會存在。在人際之間，只要沒有人際衝突，只要有一些人際和諧，就自然地存在一些人際關懷。如果在人際之間，有親密或密切的關係，或有互相依賴、互相配合的關係存在，人際關懷的程度會更為提高。尤其，在人際之間，存在著人際信任[33]，參與人際活動的各個人際個

註32：人際和諧 interpersonal concordance，指人與人之間在態度、意見、價值觀上沒有衝突的和諧關係。取自《張氏心理學辭典》。

註33：人際信任 interpersonal trust，指對別人或對團體的承諾所作的一種假設性的預判；個人或團體的言行一致者，其所言之一切始能獲得別人信任。

體都會自然地和自動地表現出人際關懷。在社會上，有以人道主義為理想者，發揮人性的熱情與良善，無條件地對社會人群表現出人際關懷。

在本節中，我們將從兩個途徑來論述：（壹）從中華道統文化中的「五倫」以及（貳）本書第一章的人際四個涵義，兩方面來探討「人際關懷」。

壹　從儒學五倫來探討人際關懷

五倫之說來自於《四書》中之《孟子》。子思繼之於《中庸》一書中復弘揚之。宋代朱子又再發揚推展，並以五倫為五教之目。孟子說：「後稷教民稼穡，樹藝五穀，五穀熟而民人育。人之有道也。飽食暖衣，逸居而無教，則近於禽獸，聖人有憂之，使契為司徒，教以人倫：父子有親，君臣有義，夫婦有別，長幼有序，朋友有信。」[34] 中庸云：「君臣也，父子也，夫婦也，兄弟也，朋友之交也，五者天下之達道也。」[35] 朱子說：「父子有親，君臣有義，夫婦有別，長幼有序，朋友有信。右五教之目」。[36] 五倫是人際社會的五種人倫關係。曾仕強教授說：「人與人的關係固然十分複雜。但是歸納起來，也不外上司與部屬、父母與子女、丈夫與妻子、兄弟與弟妹，以及熟人與陌生人等五種。中庸說：君臣、父子、兄弟、朋友，是天下人共同具有的五種關係。孟子則進一步提出：父子有親、君臣有義、夫婦有別、長幼有序、朋友有信。將倫理和人際關係結合在一起，也就是把倫理加入人際關係。」[37] 曾教授把人際關係提升到人倫關係，把人際倫理作人際關係的準則，更恰當地把人際關係稱之人倫關係。

註34：《四書‧孟子‧滕文公上篇》。
註35：《四書‧中庸‧第二十哀公問政章》。
註36：朱子所創白鹿洞書院學規。
註37：曾仕強、劉君政(2000.9)，《和諧的人倫關係》，P.33，台北市：亞慶公司。

一、父子有親

在人類社會裡，最基本的人際關懷存在於父子有親的人際關係之中。

父子有親，就是父母和子女之間的親情人際關係。父母和子女之間的人際關懷是天經地義的，這是一種天倫之樂的人際關懷。父母以愛護和養育的天性，無怨無悔、不辭辛勞地對自己子女付出自然的「人際關懷」。子女為盡人子之孝，以血脈之親和反哺感恩而誠敬地對自己的父母付出當然的「人際關懷」。

二、君臣有義

君臣在君主時代裡是君王和臣子，也就是主子和臣屬。在今日的民主時代裡，可詮釋為老闆和員工、長官和部屬、上級和下級。

義就是正義(righteousness)。義就是正當的言行、正當的作為。在民主自由平等的時代裡，義也可以被認為是上方和下方的互相責任(responsibility)和義務(obligation)。在職場中，雇主和員工之間為了營造一個公司或一個機構的共同目的和共同利益，上方與下方應當互相施與適當的「人際關懷」。在公家機關中，上級和下級，上司和部屬為了做好公務，為了達成共同的公事，為了表現出團隊精神，上下均應互相尊重、互相給與互助性的「人際關懷」。

三、夫婦有別

夫婦結髮成為一家眷屬。從無血緣親情而形成一對最親近人際關係的配偶。夫婦理當相敬如賓、互相疼惜、互相照顧，應當在他們的婚姻生活中表現出深具愛情的「人際關懷」。夫婦經結婚而共組家庭應當相輔相成。夫婦有別，就是說夫婦在生活上應當遵守分際而不隨便混雜。夫婦宜分工合作，但由於性別之不同，在家庭中的身分宜有一些區別。古人謂：「嚴父慈母」。古代及現今均認為「男主外、女主內」，這些說

法，雖然不必拘泥固守，但是，因為性別之不同、生理之所繫、外出的安全及方便問題，事實上，夫婦在人際活動多少宜作些區別。

現今，因為時代的新異，夫婦之間的人際關係有很多人際疏離、人際衝突和人際破裂，於是有很多夫婦感情不睦而形成怨偶，有些夫婦分居，有些離婚。尤其，在社會人際活動中，有些夫婦在生活上混雜及混亂，夫男在外拈花惹草及貪迷女色，婦女在外紅杏出牆及男女雜交。這些不良的夫婦人際關係，使夫婦之情分由「人際關懷」的質變與量減而淡化和消失。夫婦有別的儒學文化之教訓，今日社會各界宜多重視並規範之。夫婦有別是以性別、生理、身分之不同應當有一些區分，但在人際家庭生活中應互相恩與「人際關懷」。

四、長幼有序

序者，秩序、次序也。在整個人際團體中，有整齊的前後順序，就是秩序。一個人際個體和其他的人際個體，依年紀、依階級、依早晚、依先後或依其他關係等，有身分前後之順序，就是次序。

長幼有序，是以人際倫理為依據的順序。我們可從狹義和廣義兩方面來論述之：

1. 狹義的長幼有序

狹義的長幼有序是指家庭中的昆仲姊妹的順序。這個長幼順序就是以出生之先後，以年齡之大小而分出兄弟姊妹的次序。

2. 廣義的長幼有序

廣義的長幼有序是指在家族、宗族、或社會中，以年長和年幼做為人際關係的順序，又可以引申到社會地位或職位高低的順序。

長幼有序，就是年長的兄姊和年幼的弟妹的人際關係，要有大小的順序的分別。兄姊與弟妹宜求互相尊重和愛護，兄姊要照顧和關愛弟妹，弟妹要尊敬和順從兄姊。

在廣義的說法上，長幼有序就是在社會人際團體中，年紀大的要提攜及照顧年紀小的，前輩要獎掖後輩；而年幼的要尊敬年長的，晚輩要敬重前輩。

在長幼有序的人際相處中，應當互相付出和施與「人際關懷」，確實地達到「長幼有序」的人倫關係。長幼有序必須具有人際關懷才有意義。如果，長幼有序失去了人際關懷，長幼有序也就毫無意義了。

五、朋友有信

朋友有信，就是在朋友之間的人際交往要守信用，為人處世與辦理事務要誠守信實。

在社會人際的交往中，朋友之間若能有「人際關懷」的互相施與，朋友之間的人際關係必然會更良善和更篤實。

而且，在社會交往的朋友之間的「人際關懷」要誠心和誠懇的互相給與，才會長久地維持朋友之間的良善關係。知己的友好關係一定有實際性的「人際關懷」。人際關懷在朋友交往中，越多越實在，友情就隨之而更好、更確實。當然，朋友之間的信用和信實也就自然地牢牢地守住了。

貳 以人際涵義來探討人際關懷

一、人際相處與人際關懷

在社會的人群中，人際之間的相處之所以能形成關係的通暢及關係的良善，人際關懷是必須的條件。在人與人之間的相處有很多種不同性質的相處，包括人身相處、理念相處、興趣相處、研究相處、工作相處、通信相處、電話相處、資訊相處和網路相處等。人和人之間的人際活動裡，不論任何一種相處都需要「人際關懷」。沒有互相施與及提供

人際關懷，人際相處不可能延續，也就是人際相處不可能享有長久。人際相處一定需要人際關懷。人際關懷必然要進入人際相處之中，並且要有繼續性的存在和發展。

二、人際人情與人際關懷

人情指的是人類情誼或人群情誼。在人類社會中和在人群生活中，人際關懷的產生和出現是常有的，只是關懷程度高低和關懷量數的多少不同罷了。

一般來說，人際的人情際況存在，人際團體和人際個體之間的人際關懷是必須的。人際情誼建立在人際關懷之上。人際關懷越多與越好，人際人情越密切、越良善和越篤實。

沒有人際關懷，人際人情的際況會消失。不足夠的人際關懷，人際人情的際況也不會穩定和不會順利。可見，人際關懷是助使人際人情際況進行順利和立場穩定的關鍵條件。

三、人際互動與人際關懷

在社會群眾中，人際互動是為了人際個體及人際團體的願望、利益和目的而存在。對人際個體而言，需要其他人際個體的關懷，也需要人際群眾的關懷。對人際團體來說，人際關懷是助益並促進人際結合和人際合作的關鍵要素。試想，沒有人際關懷，人際互動會起動、會存在或會延續嗎？當然，答案是「不可能的」，也是「否定的」。

人際互動包括心理上的互動和行為上的互動。人際的心理上互動又包括思想和情緒兩方面的互動。從人際的各種的動力而言，人際關懷既是人際互動的一種動力，也是一種動力能源。

四、人際人道與人際關懷

人際人道的際況是以「人際關懷」為基石,為基本要件。在社群生活中,沒有「人際關懷」的存在,人際人道的際況根本就不存在。人道精神是人性為出發點、以人性為基本,人性的第一展用就是「人道關懷 (humane concern)」。人道關懷是人本的、慈善的和愛心的人際關懷。

人際關懷是人際人道的首要表現,也是人際人道的基本條件。有人際人道,必然有合乎人性的人際關懷。在世界上,有很多以人道為本的慈善團體運用人際關懷來服務人群,賑濟災民和濟人淑世等。例如,世界和平就是人際人道的一個重要理想。這種世界大同和世界和平的理想就是人際人道對人類之最大的人際關懷。

探索與討論

1. 何謂人際關懷?試用你的想法說出人際關懷如何產生的?

2. 請解釋「人際信任」,並舉例論述之。

3. 請從社會五倫關係說出人際關係的情形。

4. 何謂人際疏離、人際衝突及人際破裂,試舉例說明之。

5. 以人道的人際觀試論人類福祉如何來增進。你認為在二十一世紀中可能有「世界大同」的實現嗎?為什麼?

第三節　人際影響

壹　人際影響的意義

在人際互動的諸多過程中，以及在社會人際社會所有的活動中，都會在思想上、情緒上、學習上和行為上互相影響，這就是人際影響(interpersonal influences)，這種人際影響會產生人際感染(interpersonal infections)、人際吸引(interpersonal attraction)和人際同化(interpersonal assimilation)。人際影響在人際活動中，有人身和人身的直接相處和間接相處兩種。人身和人身的直接相處就是人際個體之間面對面或身靠身的相處。人際間接相處，是人和人不謀面，一人在此處及他人在彼處，只靠電話、電訊或其他媒介(medias)作聯絡、交談、溝通、交換意見、學術研究或事務妥協等等間接性的人際接觸(interpersonal contact)。在上一節「人際相處與人際關懷」中本人曾在人際相處的論題中提到：「在人和人之間的相處有很多種不同性質的相處，包括人身相處、理念相處、興趣相處、研究相處、工作相處、通信相處、電話相處、資訊相處和網路相處等。」

不論在人際活動中是人際直接相處或間接相處，人際影響一定會產生。人際互相認識的二人或二人以上的人際團體，經由人際相處而會產生人際影響。然而，在人際個體之間互不認識，只要經過人際的直接相處或間接相處，也會產生人際影響。「影響他人可以是有意的，也可以是無意的。我們常常在無意之間影響了別人而不自知。」[38]

人際影響會產生兩種發展：（一）正面的發展和（二）負面的發展。

註38：曾端真、曾玲珉譯(2000.3)，《人際關係與溝通》，P.260，台北市：揚智出版社。

一、人際影響的正面發展

在正常的人際互動，形成良好的人際關係，在人際之間的人際影響會有正面的發展，於是有了人際關懷、人際信任、人際和諧、人際結合及人際合作。

二、人際影響的負面發展

在不正常的人際互動，形成不良好的人際關係，在人際之間的人際影響也會有負面的發展，自然地產生人際疏離、人際衝突、人際破裂和人際不合作。

在此處，我們所探討的就從人際影響的正面發展，藉之述說正面的人際影響對社會的人際關係和人際發展的助益和貢獻。

貳 人際影響的發展

人際影響對人際關係、人際情誼、人際合作和人際互惠互利有實質上的作用。我們就來探討人際影響的應用發展。我們也就是要應用正面人際影響來探討如何幫助人際成長、人際協調、人際信任、人際結合、人際合作與人際和諧。

一、人際影響與人際成長

我們根據艾瑞克遜(Erik H. Erikson)在其心理發展論一書中提出人一生中有八個時期，分別為：第一個時期是一歲的時期；第二個時期是二歲到三歲的時期；第三個時期是三歲到六歲的時期；第四個時期是青春期；第五個時期是青年期；第六個時期是成年期；第七個時期是中年期；第八個時期是老年期。每一個時期都有其社會適應的特色，包括良好關係的適應特性及不良關係的社會適應。在每一個時期裡，每一個人都會受到與別人相處的人際影響，而人際影響對每一個個體的人際成長

也都會有其作用和影響，只是影響大小不同而已，有些人受高度影響，有些受輕微影響，也有些人受到普通程度的影響。在個人的成長過程中，正面的人際影響會幫助人際個體學到有利身心的發展要件：

1. **肯定自我**：肯定自我存在及生命價值觀。

2. **信任自我**：信任自我能力及生命本能觀。

3. **創造自我**：創造自我成就及生命體用觀。

4. **享受自我**：享受自我生活及生命幸福觀。

5. **尊重他人**：尊重他人存在及生命平等觀。

6. **順從他人**：順從他人正見及生命合作觀。

7. **造就他人**：造就他人福利及生命福祉觀。

8. **分享他人**：分享他人生活及生命大同觀。

　　以上前四項是人際個人成長，後四項是人際團體的共同成長。這八項人際成長來自於正常與正面之人際影響的應用發展。

二、人際影響與人際協調

　　人際協調(interpersonal coordination)是人際活動中的一種社交技巧(interpersonal skill)[39]。人際協調是在人際間作溝通交談、溝通意見、意見交換、思想探討、協力合作及調和人際關係。在人際活動的諸多影響中，有與人際協調結合在一起的部分，而且互為表裡、相輔相成的，簡述如下：

註39：社交技巧 interpersonal skill，指與人交往時需要的技巧或能力。社交技巧所偏重者是與人相處的意見溝通、意見交換、協力合作、公平競爭及辨識情理、區分責任義務等作人處世的能力。（取自《張氏心理學辭典》）

1. 人際影響與人際溝通交談

　　人際影響對人際溝通交談有提供良好的人際關係及人際資訊的幫助，促使人際溝通交談順利並達成目的。人際溝通的交談的達成使人際影響具有正常與良好的進展，也會產生人際影響的發展的有利因素。

2. 人際影響與人際意見交換

　　人際影響可以在人際意見交換的過程上提供很多有利的幫助，諸如：良好的人際互動、有助益的人際資訊、有效用的人事和有效應的技術等，這些有利的人際影響對人際意見交換具有多方面的協助。

三、人際影響與人際信任

　　人際信任亦建立在正常及良好的人際影響之上。人際信任(interpersonal trust)來自於人際之間的互相守信用及人際個體或人際團體的言行一致。良好的和正常的人際影響是有人際個體的互相守信和言行一致，以及有人際團體的言行一致。這種人際影響所包括的良好人際因素，會提升及鞏固人際信任。人際信任也會進入人際影響，並成為人際影響的一種良好的因素也是一種良好的內容。有良好和正常的人際影響，也會產生人際之間的人際信任。

四、人際影響與人際結合

　　人際結合(interpersonal conjunction)產生在人際個體和其他人際個體之間透過某些人的介紹、某些機運或某些目的，而開始接觸，繼續相處，而結合在一起。人際結合指人際個體和其他人際個體的心理結合及人身結合。有良好的人際影響的因素，才能促進人與人之間的心理結合，有心理結合，人身才會隨之而相處、而結合。人際結合也會形成良好的人際影響。

五、人際影響與人際合作

　　人際合作(interpersonal cooporation)，是人際個體與其他人際個體之間，透過人際溝通、人際研究、人際商量、人際協調，為了某一個或某些目的，合乎人際之間的同意條件，於是達成了人際合作。人際影響所包括的良好條件越多、越完整，對人際合作的促成也越有可能，而且幫助也越大。人際合作的事實也會自然地匯入人際影響之內，而成為其中的一種良好的人際影響的因素。

六、人際影響與人際和諧

　　人際和諧(interpersonal concordance)指人與人之間在態度、意見、價值觀上沒有衝突的和諧關係。[40] 在人際的相互活動中，有良善與正常的人際發展，就自然地有良善與正常的人際影響，人際和諧的現象也就隨之而形成了。人際和諧對人際影響來說，也有助益，也有所提升的。

探索與討論

1. 試就人際影響的發展，對人際個體及對人際團體有何影響？

2. 何謂人際吸引？何謂人際同化？請舉例說明之。

3. 試述人際影響與人際協調的互相關係。

4. 正面的人際關係影響對人際個體有利身心發展的要件有哪些？請列舉之。

註40： 張春興(2002.10)，《張氏心理學辭典》，P.344。

第四節　人際合作

　　在人際之間所成就的人際溝通及所建立的人際關係，在人際發展的目的上來說，人際合作是主要的目的。在人際合作上，依人際互動的情況及雙方的需要有全程合作或部分合作，有高程度合作及普通程度合作。因此，依人際合作的進程及合作的程度，在某一個階段性所完成的合作之後，新階段性的人際合作，仍然要再繼續營造下去。

壹　人際合作的認知

　　首先，來瞭解何謂「合作」？張春興教授說：「合作(cooperation)，指團體中全體成員們，為了共同利益而協力實現一個共同目標時所表現的一種社會行為。在合作情境中，團體目標與個人目標一致；而且，團體中成員的報酬中，係根據工作負擔做合理分配的；使成員們感覺到，個人的成功得之於團體的合作。」[41]

　　人際合作需要共同的目標及需求的目的，在工作上要分工合作，在分配上要合理，人際個體要認知必須透過團體的人際合作，個人才有成長、才有成功。如此，凡是參與人際活動的人際個體才會實際地互相尊重，並且誠摯地遵守人際合作的原則。

　　人際合作的進行之前，先要有合作動機[42]，使每一個參與社會人際活動的個體產生興趣和需求，並自心中產生驅力而勉使自己去參與人際合作的團體活動。因此，人際合作的團體中的每一個人際活動為了共同的目標和個人的願望，為了共同的目的和個人的需求，所有參與人際合

註41：同註 40，P.160。

註42：cooperation motive 合作動機，係一種社會動機。由於此一動機的作用，驅使個體在某一特殊情境中，與其他的成員共同追求最高的團體利益。

作活動的人際個體都必須合作。透過人際合作，人際個體有成長、有發展，並且在享受合作的成果上，自然會獲得人際合作的利益酬賞。

鄭佩芬教授引用 H. Paul Grice(1975)的四個合作原則，曾提到說[43]：

1. **量的合作**(the quantity maxim)：提供對方足夠或需要的適量資訊。

2. **質的合作**(the quality maxim)：提供對方真實的資訊。

3. **關聯合作**(the relevancy maxim)：提供切題的資訊。

4. **態度合作**(the manner maxim)：談話要具體且有組織。非語言行為同時也必須做一致的表達。

以上四個人際合作原則，是作為人際溝通和人際交流的準則。這四個原則，在人際發展過程中，既是人際溝通，也是人際合作的要領。

貳 人際合作的達成

人際發展的重要目的是人際合作的建構與達成。而人際合作的達成，對人際個體的個人成長、個人發展、個人造就、個人幸福以及個人的生命意義和價值都有助益性的功用存在。人際合作對人際發展的人際團體也有甚多助益，包括社會福利、群眾福祉、團體目的和團體利益等。

人際的發展，是促進人際溝通、人際結合和人際合作，進而建立良好的人際關係、長久地維持良好的人際關係並邁向圓融的人際關係，目的在創造個人的生命幸福及社群的共同福祉。

註43：鄭佩芬(2003.9)，《人際關係與溝通技巧》，P.21~213。

探索與討論

1. 請發表你對人際合作的看法，人際合作的意義及效果是什麼？

2. 請依照 H. Paul Grice 在人際活動中的四個合作原則，說說人際合作的發展。

3. 人際合作的達成對人際個體和人際團體有何好處？請抒發你的見解。

PART **2**

《應用篇》

人際關係論

上一篇，我們以哲學性、文化性及社會性的理論研究，描述了「人際」、「人際關係」、「人際溝通」以及「人際關係與人際溝通」。在這篇中，我們將從理論出發而邁向實踐，使本書能達到知行合一的效果以及理論與實踐合一的功用。在這一篇中，我們將分成三個段落：壹、人際關係的建立、改善與圓通；貳、人際溝通的要領和策略；參、善用良好的人際關係與溝通。

　　人與人之間關係的開始分成兩種：一種是具有親情的關係；另一種是社群的關係。前者的關係來自於自然的衍生，例如父母親與子女之間的天倫關係；例如兄弟姊妹之間的血脈關係。後者的關係來自於人與人之間的邂逅與會合，例如同學之間的關係；朋友之間的關係；老闆與員工之間的關係；員工與員工之間的關係等。前者的關係之開始是自然而然的；後者的關係之開始是建構而成的。人際關係皆因以上兩種情形而開始。人際關係有了開始，也自然地會有繼續。人際關係的繼續情況有些是好起來，有些是壞下去。好起來的關係要善加維持，也要設法讓關係再增進而更好。壞下去的人際關係要改善，要運用溝通的方法和要領來加以改善。

　　在社會上生活，人與人之間的相處，是必然的。在這種必然有的人際關係上，我們要如何去開拓人生的未來呢？重點就在我們一定要知道善用良好的人際關係去創造未來的人生、去創造未來的成就。

INTERPERSONAL
RELATIONSHIP AND
COMMUNICATION

第1章

人際關係的形成與建立

第一節 人際關係的形成

　　人際關係來自於人與人之間的相處和互動。只要有人和人的相處或人群的聚集，人際關係焉然產生。人際關係總是第一時間的開始，這也就是人際關係的最早形成。

 壹 自然形成的人際關係

　　每一個人出生後，隨即成為家庭中的一份子。在人際關係一個初生的嬰兒有了父母，有了祖父母，也可能有了兄弟姊妹。在家族中，一個嬰孩也有多層的人際關係，他也有多層的親族關係，這就是一個人的最早人際關係的開始，這種血脈親情的人情關係是自然形成的。任何人的這種人際關係的開始是天生自然的，是命定的(destined)，而不是自我選擇的。人生活在社會中，人和人之間的相處是起自於一個人和他人的邂逅或接觸，從此就逐漸地加多了人際關係。例如：張三和李四尚未相遇之前，互不認識，當然也沒有互動，因此他們二人之間尚未有人際關係的形成。張三和李四在某一地方、在某一時間，兩人邂逅或經人介紹而互相接觸、互相認識，於是隨即也有了第一次人際關係的形成。在社會的活動中，這種人際關係是隨時隨地都會產生的。這種自然形成的人際關係是自然而然的，是不期而遇或突然性的，既不是刻意也不是營造的。這種自然形成的人際關係，可從下列幾點探討之。

一、應用自然形成的人際關係

一個個我從出生以後，隨即就成為父母之子或女、成為家庭之中的份子、成為家族中的一員和成為親族之中的一名，於是他與上述人眾中的其他的一個個我和多數個我自然地產生人際關係。這種人際關係的開始，是命定性的，不是個我的自己抉擇。一個個我，在嬰兒時期就自然地延展這種人際關係。隨著年紀的增長，依循著生命的成長，一個個我，延長的範圍增大、延展的層面越多，其人際關係自然地從小範圍而趨向大範圍，從與一家中的父母、而兄弟姊妹而祖父母、而伯伯叔叔姑姑、而堂兄弟姊妹，而外祖父母、而舅父姨媽、而表兄弟姊妹…等親族之間逐次地享有這種自然形成的人際關係。這種人際關係隨著個我的成長過程而自然地繼續延展。

既然一個個我從幼小就享有「自然形成的人際關係」，我們就可順其自然地應用它來造就自己、發展自己以及應用它來關懷親人、造就親人。

例　說

歐陽先生是我小學的同學，也是我的鄰居。他從小就在父母的撫養和教育之下，一直是善解人意的乖孩子。他的家庭小康，父母是種田的農人，父親有時販賣小豬仔。他從國小開始就利用這種順利的環境，努力讀書。中學時代的六年裡，在嘉義市某一所著名的工業學校就讀。他唸的是化驗科。他運用有利的學習環境，學成並奠定化驗及化工的基本知識及技術。後來，終於成為一位成功的企業家。他在國小、國中時代，善於應用其與家人及與家族的自然形成的人際關係，奠定了後來成功的基礎。

💡 **探索與討論**

1. 在你的家庭中及在你的親族中,你如何應用自然形成的人際關係來造就自己以及造福家人和親人呢?

2. 自然形成的人際關係對一個個我在成長上有幫助嗎?試舉例說明之。

二、增進自然形成的人際關係

　　個我一生下來,自然地就擁有自然形成的人際關係。為了造就自己和造福家人及親人,我們應有責任和抱負把自然形成的人際關係再增進、再加強。

📎 **例　說**

　　歐陽先生服完了兵役,就在台北一家化工公司上班。學習了更多的職場知識和技術。也曾經換了三家公司,每況越佳,他勤儉持家,節省了不少錢。後來自己開了染整公司及貿易公司,事業有成。他除了孝順其母親,把母親接到台北供養之外,他也幫助其兄、其弟及兩位妹妹,又常幫助堂兄弟及一些親人,有口皆碑,傳為美談。

💡 **探索與討論**

1. 一個人在其家庭及其親族中,有必要去提升、增進自然形成的人際關係嗎?為什麼?

2. 一個人在其一生中,應當如何去增進自然形成的人際關係呢?一個人的人生成就對增進自然形成的人際關係可能有哪些影響?可能有哪些幫助?

三、改善自然形成的人際關係

　　個我在自然形成的關係中，隨著年齡的成長和生活環境的變遷，與家人和親人的關係也越為繁多和更加複雜。個我與其家人和其親人之間的關係，可能有兩種情況，一種是繼續保持良好關係或者形成更好的關係；另一種是沒有延續良好關係而使關係惡化或者形成更壞的關係。

　　當個我與其家人或親人的關係惡化或甚至更惡化時，改善自然形成的人際關係是必須的，而且是刻不容緩的。因為與家人以及親人共用良好的人際關係，個人才能享有生活的樂趣與幸福。為什麼在人生的過程上，很多的個我都享受不到與家人以及與親人的樂趣和幸福呢？改善與家人以及親人之間的人際關係是很重要的。

例　說

　　在北港，有一位陳×廣先生。在十五年前，他用以德報怨的態度及關懷的心情，改善了他與其堂兄及堂弟兩個家庭之間的關係。事情發生在十多年前，陳先生與其堂兄和其堂弟因為分祖產的事情鬧得很不愉快，甚至反目成仇。十五年前左右，陳先生與他們之間的關係逐漸疏遠，日以惡化。陳先生在十二年前離鄉背井，移居台中。又經過了三年，他開始想到要搬回故鄉。於是，他就試著想要改善與其堂兄陳×平和其堂弟陳×清之間的關係。他以謙虛的心情及讓步的態度，與其二人拜訪和溝通。雖然經過了多次的冷言冷語，他仍然保持著耐心，並且逆來順受，常常以賠罪的心態去面對他們。經過了一年八、九個月的溝通，陳先生終於改善了和二位堂兄弟之間的關係，後來祖產也在互相同意及在圓滿的情況之下分配好了，三人都很滿意。陳先生與其兩位堂兄弟之間改善了親情的人際關係。

1. 如果一個個我與其家人或與親人之間的關係惡化或相處得很不愉快,你認為他有必要去改善這種形成的人際關係嗎?如果是你,你又認為如何呢?

2. 如果你與你的家人其中的某一人或某二人之間的關係不良,形成互不關懷或互不尊重或互無話說…等不善狀況,你認為你需要去改善這種不良的人際關係嗎?如果你誠意去改善關係,你將如何去做呢?你有哪些方法呢?你會持著何種態度呢?

貳 營造形成的人際關係

　　人與人之間,互未謀面、沒有互相接觸之前,人際關係是尚未形成的。

　　或經人介紹、或在某一時空會合點上、或由個我主體去尋求、或由客體對主體的謀求等等,都會形成人際關係;有些人際關係是停頓的,另有些人際關係是延續的;有些人際關係是短暫的,另有些人際關係是長久的;有些關係是正面的,另有些關係是負面的;有些關係是有利的,另有些關係是有害的;有些關係是相害的,另有些關係是互利的。

　　營造所形成的人際關係是:延續的、長久的、正面的、有利的及互利的。營造形成的人際關係,是被運用在幫助人與人之間建立良好的人際關係,是被運用在幫助人與人之間成就有效的人際溝通,而且是被運用在幫助人與人之間增進誠信的情誼,並且是被運用在幫助人與人之間達成期望的目的。

　　當我們在研究和探討「營造形成的人際關係」時,必須考慮到人與人之間的良性關係與惡性關係。這種由人與人之間的「營造形成的人際關係」,的確包括了良性關係和惡性關係。這一點可從目的論來作說

明。目的來自於人的意願，目的的達成還需要有達成目的的方法，也必須藉助著人的行動和需用的事物。在兩人之間的相處，或在二人以上之間的相處，人際關係在營造的過程上，都會因為「目的」而受影響、而變化。「一般而言，目的不是單憑意願即可達成，而必須藉助於外在行動或事物，作為達到目的之方法(means)。」[1] 正當和合理的目的，人際關係會趨向良性。相反地，不正當和不合理的目的，人際關係會趨向惡性。

一、依照目的而分類

依照目的，營造形成的人際關係可分成良性的與惡性的。

1. 良性的人際關係

在人與人之間的相處或事情的溝通，有正當和合理的目的，才有良好的人際關係。為了共同的目的，在營造人際關係時，主體和客體在接觸的過程上自然會產生正確的思維，會設計可行的方案，會尋求有效的辦法，會創立互利的機制。人與人的人際關係越來越好，所共同謀求的事情越來越妥善。在良性的人際關係一直地進行之下，共同的目的也就逐次地達成。目的的良善，才會營造出良善的人際關係，有了良善的人際關係，所謀求的共同目標才會達到，所謀求的目的才會達成。所以，人際關係在營造形成的過程上，需要正當和合理的目的，需要良善和互惠的計畫。如此，才能產生良性的人際關係，良性的人際關係也才能維持長久。良性的人際關係是人與人相處及謀求共同利益的關鍵。

註1： 項退結編譯(1976)，《西洋哲學辭典》，原著者德國 Brugger，P.101，台北市：先知出版社。

例　說

　　在台南市東區，有一家小型的超級市場，創於十八年前。起先是在工商業的景氣衝擊下，郭先生和曾先生二人在台北市的事業都走到了瓶頸。於是兩人共同思考，共同規劃要回故鄉經營小本生意。一方面可以節省開支，另一方面，孩子們都有父母長上的照顧。十八年前，他們兩個家庭就搬回來台南市。郭先生一家與其岳父、岳母同住，曾先生一家與其父母同住，兩對夫婦開始投入小本生意的經營。郭、曾二位是國中的同學，兩人感情很好。兩家的情誼也自然地建立出良好的關係。兩家合作，在正當與合理的目的的營求下，每人都分配到適才適用的工作。合作無間，誠信互助，事業終於在「良性的人際關係的營造」之下，賺利良好、經營成功，生意興隆，小型的超級市場的年收入都超過千萬。

探索與討論

1. 在營造形成的人際關係之發展上，人與人之間共同謀求的目的會影響到人際關係嗎？舉例說明。

2. 如果你與你的朋友Ａ君要開一家電腦工作室，你要如何去營造良好的人際關係呢？如何合作地開店呢？

2. 惡性的人際關係

　　在人與人之間的相處，如果共同謀求的目的是惡性，則其人際關係亦隨之而成為惡性的。在兩人之間，雙人所追求的目的是惡性的，其所有規劃及所有作為均是為非作歹的，兩人的互相為謀均是既不正當又不合理，兩人為了一個不善良的目的而狼狽為奸。剛開始及在初階段雖有兩人合作無間的關係，但後來一定會因為「目的因」的不善而互不信賴、互相猜忌，最後雙方皆因為「目的因」的不善而發生很多波折、困

難和失敗，終久兩方互相責怪、互相怨尤及互相仇視，雙方之間的關係最後當然是形成惡性的關係。尤其「目的因」的不正當和不善良，雙方都會因為追求目的而掙取不正當的手段、不合理的勾當、不人道的作為，引用不正當的人、使用不當的品物，做不當的事。兩人之間只是互相利用、互相詐取，不僅沒有良性的人際關係，而且形成具有禍害、有不良後遺症的事端。於是兩人之間的情況必然形成惡性的人際關係。

例　說

　　在南方澳有一位姓張的人和一位姓吳的人，兩人從漁會退休以後，無所事事，呆在家裡。十一年多前，二人想出奇招，談好一個異想天開的計畫，編織一個發財的夢，每人各出資五萬，租一個隱密的地方開設賭場，目的就是非法的吸金。後來，兩人反目成仇，形成惡性關係。原因是開賭的第二天，被人密報，被員警抓到，不但吃了官司，而且賭資也泡湯，雙方互相責怪、互相指責、互揭瘡疤。至今，雙方的關係仍然不好，目前都互不往來。因為不正當和不良的「目的因」，出問題之後，兩人之間隨即形成了惡性關係。

探索與討論

1. 數年前，惡性殺人犯陳進興與另外二名罪犯共同綁票了白曉燕，目的是計畫向藝人白冰冰敲詐勒索一百萬美金，後來因敲詐不成，白曉燕也被撕票，三人就成了亡命之徒，到處逃亡。請問他們三人之間形成了何種關係？如何形成不良的惡性關係呢？為什麼？

2. 在二人之間或三人、三人以上的群眾間，如果有不善良的「目的因」存在，合作的關係會形成良性或惡性的關係？最後的結果會使他們之間形成惡性的人際關係嗎？

3. 如果，將來有那麼一天，有一個朋友或兩三個朋友，找你合夥販賣安非
   他命，你會加入他們的團隊嗎？為什麼？如何去拒絕？敘述不善良的
   「目的因」所形成的惡性人際關係。

二、營造形成的良性人際關係有其正常的發展

　　營造形成的人際關係，當然地在其正常的發展之下，一定會形成人
與人之間的良性人際關係，而良性的人際關係也會自然地進行其正常的
發展。

1. 延續的發展

　　在人際之間，良性的人際關係是具有「延續的發展」。也就是
說，良好的人際關係是延續的。如果人際關係停頓或斷掉了，那麼人與
人之間的相處一定是出了問題。良好的人際關係具有延續的發展，人與
人之間的良性人際關係要繼續營造、要繼續維持及要延續發展。

例　說

　　在古代春秋時期有管鮑之交的美談。管仲和鮑叔牙二人是同學，兩
人互勉互勵、情誼深厚、感情很好。管仲家境貧窮，常受到鮑叔牙的接
濟及照顧。鮑叔牙為人君子，品格高尚。管仲聰明睿智，勤勉好學，雄
心壯志，懷有濟眾的心志。同學二人互敬互重，二人在事業上均有成
就。尤其鮑叔牙推薦管仲給齊桓公，管仲終於能輔佐齊桓公勵精圖治，
成就了春秋霸業。管鮑二人之間的良性人際關係，維持長久。管鮑之交
的人際關係擁有延續的發展。

探索與討論

1. 甲乙二人合作開了一家貿易公司，歷經三年，事業有成。你認為甲乙二人之間目前已擁有良性的人際關係需要繼續維持下去嗎？需要延續發展嗎？為什麼？

2. 人際關係需要延續的發展嗎？延續發展的人際關係對人與人之間的合作以及共同所要達成的目的有幫助嗎？有哪些助益？試舉例說明。

3. 在班上，你和其他同學之間，需要營造良好的人際關係嗎？需要延續已建立的良性人際關係嗎？請從校園生活及學習情緒兩方面加以說明。

2. 長久的發展

有延續，才有長久。良性及良好的人際關係需要維持，需要繼續營造，人際關係才能延續，才能長久。人與人之間的關係，因為人繼續活著，所以長久的良好人際關係，除了共同享有愉快的情誼之外，還能繼續為共同的目的而長久地合作。長久的發展促成長久的合作，也造就出長久的共同成長、共同利害。為了共同的長久發展，在二人之間或多人之間，要誠心相待，坦誠合作，對於良性的人際關係要善加維持、保持延續下去；對於偶發的不良情況，要馬上溝通、馬上處理，使人際間的合作能夠長久地繼續發展下去，良性的人際關係也能獲得長久發展。

例 說

三國時代，劉備、關雲長、張飛三人在桃園結義為兄弟。三兄弟之間的良性關係和兄弟情義維繫良好並且延續長久，在中華文化的歷史故事中傳為美談。三兄弟的合作，白手起家，成功地建立一個王國，國號為蜀。三兄弟之良好的人際關係，形成長久的發展，一直到離開人世而後止。

💡❓ 探索與討論

1. 許文龍先生和廖錦祥先生兩位人士為了共同的理想、為奇美實業而合作，六十年間兩人的人際關係十分良好，而且合作無間，和諧的人際關係表現精湛，創造出奇美事業的大成功。你認為這兩位成功企業家的人際關係對奇美的發展，有何正能量的效益？請討論之。

2. 在你的未來創業過程中，你可能會與他人合夥開創公司，你有何策略和方法在人際良好的合作關係上營造長久的發展，請試述之。

3. 正面的發展

　　正面的發展是積極的，負面的發展是消極的。積極的發展使人際關係越來越好。在人與人之間的關係營造，要守誠信、要善寬待、要善瞭解、要善溝通、要善關懷，偶有吃虧要能善加容忍而委曲求全，雖然有些小吃虧，卻不會有大損失。因此，能長久地使人際關係營造出正面的發展。若人與人之間的關係形成負面的發生而沒有正面的發展，那麼，人際關係會逐漸停頓，甚至日漸惡化。在人際關係的存在上，有正面的發展才會有延續性和長久性。

📷 例　說

A. 在古時戰國時代，有孫臏和龐涓二人同為鬼谷子的徒弟。在拜師學藝的期間兩人之間的人際關係尚稱良好，尚能互勉互勵。龐涓到魏，受魏惠王任為將軍。龐涓才能及兵法均不如孫臏，因此妒嫉孫臏，設計陷害孫臏，並斷其雙足，孫臏失雙足而殘廢。後孫臏被齊威王聘任為軍師，討伐魏國，困住龐涓於馬陵，龐涓兵敗而自刎致死。孫龐二人之間的關係起初尚好。後來因龐涓嫉妒孫臏的才幹，開始設計陷害孫臏。孫龐二人之間的人際關係形成負面的發展，漸漸失去正面的發

展，人際關係形成惡性的發展，二人反目成仇。龐涓設計傷害孫臏於先，孫臏打敗龐涓、逼死龐涓於後。這就是人和人之間的關係沒有正面發展的例子。

B. 馬樹禮先生和許勝發先生二人為終生好友，曾因同任多年立法委員而為同事。馬許二人學養俱佳，二人都是人生的成功者，二人的表現都是溫文儒雅。二人皆誠心待人、熱心公益，熱愛國家、關懷社會，同為宏揚中華文化而努力。兩人之間的交情始終是篤實的，其二人的良好關係延續接近五十年。馬許二人的人際關係、友人情誼，都是具有正面的發展，於是其二人的良好人際關係享有正面性、延續性和長久性。這種具有正面發展的良好人際關係，是我親身曾與他們二位耆老相處過而有所瞭解的。

 探索與討論

1. 王先生和陳先生兩人為了合作事業而結合，起初的兩年五個月，二人均能保持良性的人際關係。但是，到了二年六個月時，王先生誤會陳先生的誠信問題，二人之間的人際關係日漸惡劣而不能保持、延續正面的發展。二人的合作不滿三年就快要拆夥了。請問缺乏正面發展的人際關係對王陳二人的事業，可能會產生哪些後遺症呢？有改善之道嗎？有什麼改善之道呢？

2. 你和你的班上同學的情誼有正常的發展嗎？如有，你如何維持和延續人際關係的正常發展呢？如沒有，你會用什麼辦法去改善呢？

4. 公平的發展

在人與人之間的關係，需要公平性的互動和互助。也就是在人際關係的延續上，需要有公平的發展。一個個我都會對自己有相當的珍重和

愛護。因此每個個我都希望被人重視、被人尊重、被人賞識以及被人肯定。也因為如此，人際間的公平性，成為人際關係進展上的普遍性需求(common necessity)。可是，在社會生活的活動中，在人群的交往過程上，這種人際關係的公平性發展卻經常缺乏，而且是比比皆是。在人類社會生活各種立場上，隨時隨地有人抱怨「不公平、不平等、大小眼、強欺弱、富欺貧…」等各種不平的心理所發出的反應。的確，在社會中，有很多不公平的現象。因為人情世故的關係和某一個個我的專制和霸道，常常在人際關係的過程上破壞「公平的發展」。這種人際關係營造上的病態，就是阻礙人際間營造良性關係以及延展良好關係的絆腳石，也是破壞人際間情誼的毒素，甚至是人與人之間、團體與團體之間、族群與族群之間或國家與國家之間，形成關係衝突、情誼破損、反目成仇、興起爭端或爆發爭端。孔孟儒學中「不患寡、患不均」。「不均」就是分配不公平。這種不公平的對待及不公平的施與，就是人際相處的社會毒瘤，也就是人際生活的斧頭砍。這種不公平的人群關係現象，會使團隊工作效率降低，也形成人與人之間關係疏遠，也造成在一個團隊中結黨營私以及分派對峙。

公平的發展，建立在合乎人道主義(Humanism)[2] 及合乎人性(Human nature)的平等觀。

人與人之間，在營造人際關係上要有公平的發展，需要互相的尊重、互相的關懷和互相的體諒。公平的發展，才能使人際關係獲致延續與長久的彰顯。

註2： 人道主義(humanism)：一個尊重個人生存權力、肯定生命價值的哲學及政治思想。具有博愛精神，以謀求全體人類幸福為理想目標（《學典》，三民書局印行）。

例 說

在五十多年前，有某家航空公司，招考了三個地勤職員，有一位姓陳、一位姓李、一位姓黃。陳李黃三人一起被錄取、一起參加受訓，一起工作。工作性質相同、工作份量相同、工作職責相同，但是三個人所得到的待遇卻因人事所繫，某經理給他們不公平的對待，給他們不公平的薪水。陳最受優厚，其次為李，黃則居末。這一批新進航空業務人員在不公平的人際發展之下，形成許多情緒上的不愉快。後來，姓黃的業務員工作六個月後就辭職，改走教書及走學術研究路線。經過八個多月後，姓李的也辭職走了，回去與其父親共同經營一家百貨行。姓陳的那一位受重用而且一直晉升，但歷經三年多之後，因貪汙瀆職而被解聘並且被判刑而服牢獄。在人際上，有不公平的發展，就會造成不良的狀況。

探索與討論

1. 在公司裡，不公平的人際發展，會形成良性的人際關係嗎？人際關係不公平與不正當的發展，對公司的業務推動上有何不利的事情會發生呢？試舉例說明之。

2. 在人和人之間的相處或交往，或在人與人之間的業務溝通或業務談判上，若是不合乎「公平的」發展原則，其人際關係會形成順利合作嗎？合作關係能延續長久嗎？為什麼？請申述之。

5. 有利的發展

在人與人之間的人際溝通和建立人際關係，必要合乎「有利」的原則，否則只是浪費時間，只是白費心力，不合乎良性人際關係的價值性。所謂有利，是要看哪一種利益，可以是金錢、或可以是友情、或可以是學術研究的合作、或可以是事業的合作…等。良好的人際關係，奠立在有利的發展之上。否則，無利的發展必然會使良好的關係停頓下來。有時候雖有合理的關係也會因無利益價值而拆夥。

例 說

　　在嘉義新港，有一家傳統的食品工廠，由林先生及呂先生二人合作投資，經營有關蔬菜水果方面的事業。因為林呂兩人生性忠厚勤樸，經過了十三年的努力，食品工廠經營得很有成就。除了兩人以公平的原則作為紅利的分配原則之外，在二人之間的人際關係也維持良好，而且以合乎「有利的發展」作為兩人決定及取捨的共同理念。四十多年來，這一家食品工廠仍然在繼續發展之中。林呂二人，對不合乎「有利的發展」的任何業務、任何作法都同意不舉辦、不進行和不推動。他們二人的經營方式是很合乎效益及效率的。

6. 互惠的發展

　　良好的人際關係的建立及持久，必須建立在人際之間互惠的發展。在人與人之間，情誼的增進需要用互惠來營造。互惠就是互相施與恩惠。人類是感情的動物，互惠就是增進人際之間感情的重要方法之一。互惠必須建立在誠心和尊重之上。虛偽不誠的施惠，一定是有某些計謀、有某些詭計，與一定是為了某些不正常的利用和目的。施惠給別人而不與尊重，那就是驕傲的表現，也就是輕視別人和侮辱別人的人格。誠心與尊重的互惠，人際之間的關係才能有正當及持久的發展。互惠也會使人與人互相喜歡。互相喜歡的人們，也比較容易有互惠的施與。「被人喜歡的感覺能提高我們的自尊，使我們覺得受到重視，因此提供了正增強（有獎賞性）。」[3] 互惠的發展，自然地形成人與人之間互相喜歡，互相喜歡的人也會互相關懷、互相重視和互相幫助。

註3： 林正福譯(2001.8)，《人際關係，interpersonal relationships》，Diana Dwyer，
　　　P.63~64，台北市：弘智文化事業。

1. 在台灣有一個宗教稱為軒轅教，是在六十多年前由王寒生教授所創立的，王教授擔任大宗伯，李宗唐先生追隨王大宗伯並擔任秘書長。王、李二人學養皆善，為弘揚中華文化而盡力。王李二人亦為師徒亦為良友，二人互助合作、互相尊重、互為賞識。其二人的交往人際關係一直保持互惠的發展，一直到了五十六年前，王大宗伯仙逝。李秘書長仍然崇敬王大宗伯。王、李二人的交往和相處前後約有六十多年，二人以互惠的人際發展，共同為軒轅教催生，也共同宣揚軒轅教的教義，也共同為社會慈善文化而努力。李秘書長仍然遵循王大宗伯的囑咐而繼續宏揚軒轅教。本人曾擔任軒轅教的道學講座，時逾有十載，對王大宗伯及李秘書長二人之人際關係的互惠發展，確有所悉。

2. 薛福三先生和陳帶先生是我修行原儒思想孔孟聖道的前賢，在儒道和漢學方面教示我良多。薛、陳二位大賢私交甚篤，二人交情深厚，君子之交傳為美談。在二人互惠的發展之下，共同做了很多福善功德，惠助了不少的群眾。薛、陳二人，互助互惠、互尊互重，歷經了四十多年的相處和交往，始終誠心相待、互寬互諒及相輔相成。兩人在人際交往關係之互惠的發展之下，二人都有修行上的成就以及獲得人生的價值。這是成功之人際關係在聖道發展上的範例及美談。

探索與討論

1. 在人與人之間的人際關係，或在人與人之間的事業合作上，「互惠的發展」有哪些重要性呢？

2. 你和你的同學們之間，在同學情誼和功課研習方面，你將如何去進行人際之間的「互惠的發展」呢？請舉例敘述之。

7. 互利的發展

　　人與人之間的人際合作，在利益的謀求上是正其宜而謀其利。講求利益只要符合合理的原則，人際之間互相造福利益是正當、是可以的。人際之間的良好關係，互利的發展是必須被需求及被營造的。互惠互利的人際關係才能持久，人際的合作才能延續與發展。「日本知名的卡內基溝通大師轂川佐雄指出，人際吸引必須是彼此互利互惠的關係，要想單方面地索取什麼或者給予什麼朋友關係，是不易維持長久的。」[4] 互利的發展也是人際互相吸引的因素之一。二人或二人以上在交往及相處的情況中，若要謀求互利的發展，必須具備有「人際吸引」。而人際吸引應當建立在人與人之間的互相賞識、互相喜歡、互相信賴、互相期望及互相吸引。「人們通常會被有相似特質的人所吸引，也就是『物以類聚』，包括：彼此的興趣嗜好、成長背景、個性、態度和價值觀，而且相似處越多越容易彼此吸引。」[5] 人際之間有共同需要「互利的發展」，自然就產生「人際吸引」。人際吸引會促進和增強人際的合作關係。

 例　說

　　在台灣中部，有一家黃陽素食食品公司和一家華藏佛寺經常合作，一方面在弘揚佛法，另一方面在推展素食。該公司經常支持那一家佛寺的法會。該佛寺在開法會時，也都向那一家素食公司購買素食品。該佛寺的信徒平常也都會向那一家素食公司購買素食物品。那一家素食事業經營得很好，長久地受到那一家佛寺直接與間接的助利。該家佛寺正派地推展佛法，受到該家公司的奉獻與支持，在弘法上也得到不少的幫助。該佛寺的住持與那一家素食食品公司的老闆互相配合、互相支持，形成良好人際關係而持久地享有「互利的發展」。本人曾多次參與他們的文化活動，知之甚詳。

註4：楊慕慈著(2002.5)，《人際關係與溝通》，P.9~13，台北市：禾楓書局。
註5：鄭佩芬編著(2003.9)，《人際關係與溝通技巧》，P.119，台北市：揚智出版社。

 探索與討論

1. 人際之間的「互相吸引」在人與人的相處和合作上，有哪些幫助呢？你認為「互相吸引」應當建立在哪些人際條件上呢？

2. 互利的發展，在人際關係的營造和延展上會有幫助嗎？你認為有哪些幫助呢？請你舉例論述之。

3. 人際之「互相吸引」和「互利的發展」有任何關係嗎？試舉例述說之。

第二節　人際關係的建立

　　人與人之間，起初由於無任何接觸和相處，因而沒有任何人際關係，於是為了需要就要開始建立人際關係；或者在人際之間，因長久疏遠，人際關係中斷，為了需要仍然要建立人際關係；或者一個人透過某一個人的介紹而認識了第三者，為了需要第一者也會去與第三者開始建立人際關係。人與人相處，自然地會產生情緒性和行動性的互動，於是人際關係便開始建立及繼續地進行發展。林欽榮說：「人際關係之所以形成，乃始自於人與人之間的接觸；缺乏人際間的接觸，殆無人際關係可言；然而有了人際關係的接觸，並不保證會建立起人際關係，因為人際關係仍需依賴彼此的交互行為，始有存在的可能。」[6] 人際關係的建立，其實每一個人在其生活過程中，都會產生的。人際面越多以及人際體越大，自然在人際關係的建立工程上就越多也越大，人生的成就及數位性的價值也隨之而眾多與廣大。

註6：林欽榮著(2002.2)，《人際關係與溝通》，P.116，台北市：揚智出版社。

壹 人際關係建立的歷程

任何一個人，在其成長和發展的諸多情況上，常常因環境的變遷、職場的變換或事業的擴大等因素，而隨著需要而從事人際關係的建立。生活面多了起來，生命的活動隨即更加頻仍，人際關係的建立也隨之而多了起來。換言之，社會關係越多建立的人，他就是生活比較充實的人，他也是運用生命功能比較多的人，他也是生命價值比較高的人，他也是具有更多人生成就的人。我們在此所論述的「人際關係的建立」，所指的人際關係是以正面的、積極的、有利的、有價值的人際關係為主。對於病態的、消極的、有害的、不良的等等人際關係，我們只是稍加說說。也就是說，在這一段落裡，我們的研究之要是在於研究如何建立良善的人際關係。因此，我們在建立良善的人際關係上，必須要有良善的心態、良善的意願、良善的因緣、良善的對象以及良善的目的。林欽榮說：「人際關係的建立取決於個人的意願和機緣。」[7] 因此，要在人際關係建立的開始之前，一個人的自我涵養和誠心就是基本條件。存心不良與態度不佳的人，是無法達成良善之「人際關係的建立」。要與別人建立人際關係，當然起點就是「個我的人際點」，也就是要去建立人際關係的第一人稱（人際關係的主體）。所以在人際關係的建立上，信任自我、肯定自我、表露自我、展現自我以及實現自我，都是人際關係起點上的必備條件。在人際關係的建立上，是必要知己和知彼的。建立出良好及有成效的人際關係，自我的建立以及運用有關係的人、時、地、事、物，都是不可或缺的。人際關係是否能建立，以及人際關係是否能建立良善，這些因素都必須去營造和尋求的。

人際關係的建立需要很多因素，「什麼因素決定是否要和別人建立人際關係？為什麼有些關係從未進展到較深的層次或關係一直惡化？兩

註7：同註 6，P.121。

個理論—人際需求理論(interpersonal need theory)以及交換理論(exchange theory)提供了這些答案。」[8] 人際需求和人際交換會促成及影響人際關係的建立。

貳 人際關係建立的方策

我們來研究和探討如何來建立良善的人際關係。我們從以下幾方面來論述之。

一、合理的目標

要建立起良善的人際關係，必須先確立合理的目標。目標合理，人際之間才能有合理的人際互動和合理的交互行為。如果目標不合理，不論使用任何方法，絕對不能建立良善的人際關係。因為所有建立的人際關係如果放在不合理的目標，在人際互動及交互行為的過程，無法找到認知的結構(cognitive structure)[9]」。由於，合理的目標是人際關係在認知結構上的正確指標。合理的目標能提供人際的正確思想、可期希望、有效理解和實際理想。何華國說：「人際關係是認知的建構(relationships as cognitive contructs)，按此一觀點，這種認知的建構在我們想到交往的對象時，就會存在於我們的心中。關係是吾人思考我們的行為之方式。人們在交往時莫不對彼此的關係充滿理想、期望與憧憬，這些理想、期望與憧憬就是認知建構的重要成分。而這些認知建構的成分即成為當事人

註8： 曾端真、曾玲珉譯(2000.3)，《人際關係與溝通，Inter Act Using Interpersonal Communication Skills》，Rudolph F. Verderber & Kathleen S Verderber，P.131，台北市：揚智出版社。

註9： 張春興(2002.10)，《張氏心理學辭典》，P.126，台北市：東華書局，Cognitive structure 認知結構：只個人對人、對事、對物或對社會現象的看法；其中包括客觀的事實，主觀的知覺，以及兩者組合而成的概念、理解、觀點判斷等。

用來評價對方互動行為的重要準據。」[10] 在人際關係的建立上,有合理的目標,才有合理的人際互動、合理的交互行為;才有合理的互惠互利;也才會有人際認知結構所盼求的理想、期望與憧憬。張春興說:「個人對某一事象的認知結構,也就是他對該事象的認識或經驗。」[11] 人際之間的每一個個人對人際關係建立的這一事項,都需要有合理的目標作為正確又有希望的理想、期望和未來的憧憬。

例　說

　　在漢末,諸雄群起,其中有劉、關、張的桃園三結義及劉備三顧茅廬最為膾炙人口。三顧茅廬就是劉備與孔明以合理的目標所建立起及所維持長久的成就。他們兩人的人際關係建立的合理目標就是恢復漢室、濟人淑世、為民謀福利。他們二人的合理目標使他們在人際之間的互動及交互行為都配合得良好,也使他們內心產生合理的思想、合理的理想、合理的期望以及合理的憧憬。終於,劉備能白手起家,建立蜀漢一國,位列三國鼎立之一。

探索與討論

1. 從合理目標的確定,許文龍先生與廖錦祥先生二位企業家在人際關係上的結盟,你能說說他們二人的合理目標是什麼嗎?合理的目標對他們二人的人際關係的建立及人際結盟,造就奇美企業的成功有何幫助呢?

2. 為何太平天國起義會成功?為何後來又因五王不合作而滅亡,請你從人際關係建立上的合理目標為題說明太平天國的成與敗。

註10: 何華國(2003.6),《人際溝通》,P.144,台北市:五南圖書出版公司。

註11: 張春興(2002.10),《張氏心理學辭典》,P.126。

3. 為何國父孫中山先生與眾多的革命先賢能建立出良好、合作的人際關係，終於推翻滿清建立中華民國。請你以合理的目標為題，說明合理的目標對人際關係之建立有何幫助？對人際關係的互動和人際行為的交互影響有何助益？就人際關係的認知結構理論，合理的目標在人際關係的建立，有何重要性？

二、端正的思想

有不良善的誘因，就有不良善的動機，於是不良善的思想就形成了。以不良善的思想為人際關係為基礎，為開始。以後任何的人際關係的建立過程也自然就歪斜了，其結果當然是不良善的，自然地就沒有良善的人際關係之建立。有端正的思想，也才能良善的人際關係之建立。端正的思想以及良善的人際互動都是在人際互動都是在人際關係的建立過程上的準則。林欽榮說：「人際關係建立及肇始於人際間的互動。由於人際互動的良窳，為決定人際關係好壞的關鍵，故而個人除宜遵守良好人際關係的過程中，每個階段都必須能遵守一些原則，才能維持良好的人際關係。」[12] 正如《四書》中《大學》所云之「其本亂而末治者否矣」[13] 的意義相同。不良善的開始，結果能有良善者，未之有也。

「如果一個人巧言令色，或許初期會獲得人們的注意，但是『路遙知馬力，日久見人心』慢慢人們就會發現真實的面貌，試想你會跟一位講話做事不實在的人在一起嗎？你會跟一位虛偽、工於心計的人為友嗎？」[14] 有端正思想的人就不會有工心計、亂虛偽的存心及作為。端正的思想會使人具有謙恭和藹、存心善良、行為端莊、慈善友愛、誠實待人、處世忠厚、為事信實等等正面的人格特質，端正的思想會使一個人

註12：林欽榮(2002.2)，《人際關係與溝通》，P.116。

註13：《四書‧大學‧第一章》。

註14：陳皎眉、鄭美芳(2002.5.1)，《人際關係與溝通》，P.37，新北市：大中國圖書公司。

具有君子人的涵養及言行。「若要擁有良好的人際關係，有好的人緣，就端視我們是否顯露出溫暖、友善等正向特質」[15]。端正的思想是建立良好人際關係的基礎及關鍵。

 例　說

　　領導者最重要的工作，不外是在組織中製造人和。話雖如此，每一個組織都有擾亂「人和」的傢伙，孔明舉出以下五種人物，乃是會擾亂組織中的「人和」，必須嚴密的加以警戒。

一‧喜歡饒舌、成群結黨、極力誹謗能幹的人。

二‧動輒就要穿耀眼的華服。

三‧強調不可能的理論，擾亂周圍人的判斷。

四‧無視於公眾的規律，以「自以為是」的判斷，煽動周圍的人。

五‧計算得失之後，在神不知鬼不覺下通敵。

　　孔明說，對於這一類的人應該先有防範的對策。[16] 以上孔明所要防範的破壞人際和諧的人，就是思想不端正的人，也就是破壞建立和諧人際關係的人。這種孔明所啟示我們要防範的人，其實就是思想歪斜而不端正的人。

探索與討論

　　有一位思想不端正的人和你認識，你經過了調查，也瞭解那個人的人格特質是虛偽不實、善誹謗、工心計以及惡心機，你願意和他建立人際關係嗎？他若要和你建立人際關係，你願意嗎？為什麼呢？在人生的過程中，要如何防範思想不端正者的人際陷阱呢？請試述之。

註15： 同註 14，P.39。

註16： 李常傳譯、守屋洋著(1992.6)，《中國古典人際學》，P.137，台北市：新潮社文化公司。

三、適當的對象

　　要建立人際關係，選擇適當的對象而排除不適當的對象是很重要的。適當的對象與我們相處及共事會獲得互相關懷及互相成全。不適當的對象會帶給我們麻煩和害處。孔子所教示我們的「無友不如己者」，即有此意義。孔子所啟示我們交友要選擇友直、友諒、友多聞。相同地，我們所要選來建立人際關係的人也應當是友直、友諒、友多聞的人。孔子曰：「益者三友，損者三友：友直，友諒，友多聞，益矣；友便辟，友善柔，友便佞，損矣。」[17] 正直的人、誠信的人以及富有多聞知識的人，都是我們所要建立人際關係的適合人選和適當對象。善於迎合的人、善於獻媚的人以及善工心計而不實的人都不適合作為我們人際關係建立的對象。巧言、令色、缺乏仁心的人都不是適當的人際夥伴。

例　說

　　在古代，周文王曾在渭河之畔拜訪姜太公，並待之甚為禮敬。文王認為姜尚是一位德術兼修的大賢人，於是親自為之拉車，請太公車上坐，把他拉回朝廷，並拜封之為軍師、為相，於是文王在太公輔佐之下建立有周的良好基礎。周武王敬事太公為亞父，亦繼其父而拜太公為軍師為相，信任和禮遇使太公能使盡才能及所學而幫助武王統一中原而正式建立周朝。這就是周文王與周武王選對了適當的對象，而與之建立互相信賴、互助合作的人際關係。

註17：《四書‧論語‧季氏篇》。

 探索與討論

1. 秦末，始皇駕崩，李斯與趙高狼狽為奸，立假聖旨，廢扶蘇而立胡亥繼帝位，並謀害扶蘇且賜死之。後來趙高與李斯爭權奪利、明爭暗鬥，趙高後來陷害李斯，李斯被殺害。請你說說看，李斯和趙高是適當的人際關係建立的對象嗎？為什麼？請你論述之。

2. 選對了人際關係建立的對象，會有哪些好處？有哪些人際之間的助益性呢？又如果選錯了人際關係建立的對象，會惹起什麼壞處和麻煩呢？會產生哪些人間之際的迫害性呢？

四、可行的方法

做任何事情，有可行的方法，才能達成目的，才能完成自己的心願。要建立良好的人際關係，也是需要可行的方法。方法錯誤，或者方法不恰當、不可行，都是無法在人際間建立出良好的關係。

何謂可行的方法？可行的方法有哪些呢？

所謂可行的方法，就是對所要做的事，所使用出既有效又可成的方法。有效就是有功效和有效果。可成就是可以成就又會成功。在建立人際間良好的關係有哪些可行的方法呢？人人都有其見仁見智的觀點；也就是說人人都有其主張的方法。此處，我們可舉出幾個方法來簡述之。

1. 持經達用的遵循

經就是原理原則，用就是有效運用。在建立人際關係的過程上，要守住為人處世的原理原則，例如誠實、守信、互助、互利等。有效運用，就是有效地善用人、時、地、事、物各種有利的因素。

持經達用，在人際關係的建立上，必須固守、持守原則，要善用合理的方法及合乎原則的作法，運用各種有利的因素和條件去達成良好的人際關係之建立。

2. 執經達變的抱守

執者，掌握也，執而用之也。達者，通達。達變，依人、依地、依時而合理地應變。執經達變在建立人際關係上，為需要，運用天時、地利、人和等有利條件，把握原則、掌握根本、執用本紀，達權應變，臨機變通，圓融地建立出人際間的良好關係。

3. 彼此尊重的培養

在人際關係建立的過程上，要能夠獲得互相好感及人際吸引，彼此尊重是不可缺少的。尊重對方的意見、尊重對方的人格，才能贏取對方的情誼，才能獲得對方的注意和興趣。林欽榮說：「個人在與他人交往的過程中，時時刻刻必須尊重他人的人格，才能贏得他人的好感，取得真正友誼。」[18] 我尊重別人，別人亦會尊重我，人際關係因之而良好。

4. 互相瞭解的造就

中庸云：「凡事豫則立，不豫則廢。」[19] 做任何事情，事先準備是很重要的。瞭解所要結交並與建立人際關係的對象，正是在建立起人際關係之前的首要工作。所謂「知己知彼、百戰百勝」的意義亦可用於此處。在人際間，缺乏互相瞭解或互相瞭解不夠，要建立起良好的人際關係是不可能的。林欽榮說：「在人際相處的過程中，個人之間有了共同的瞭解，乃是促進彼此交往的潤滑劑。」[20] 彼此相處加上互相瞭解，才能互敬互諒、互相信任，才能產生人際的互相吸引，才能互相發生興趣，也因而自然地建立起良好的人際關係。

註18：林欽榮(2002.2)，《人際關係與溝通》，P.114。
註19：《四書‧中庸‧第二十章》。
註20：林欽榮(2002.2)，《人際關係與溝通》，P.115。

5. 身心健康的維護

　　人與人之間的人際相處，每個人的身心健康是必要的。身體的健康及心理的健康，兩者同樣地重要。身體與心理的健康是會互相影響的。身心失去健康的人在人際相處和人際溝通都無法做得好。當然，在人與人的相處人際之中，都會因為身心健康的不良而無法建立良好關係。良好的身心健康會對人際關係的建立有所助益。良好的人際關係也會幫助個人促進身心健康。黃惠惠說：「良好的人際關係對於個人的生理與心理健康都有很大的助益。有人說寂寞會致人於死，美好的人際關係可以創造生命，延年益壽。」[21]

6. 人際溝通的促成

　　人際之間的溝通可以幫助建立起良好的人際關係。所以促成人際之間的溝通對人際之間關係的建立是甚有助益的。「溝通對人際關係，具有很大的影響力。我們必須重視溝通，提升溝通的能力，來增進自己的人際關係。」[22] 在人際之間，有實際地具有人際溝通的促成，也自然地有助益人際關係的建立。而且人際溝通的促成越好越多，人際關係的建立也隨之而越良善、越密切。

　　張寶蕊說：「建立人際關係的另一目標就是學習良好的溝通。」[23]學好人際溝通，進而促成人際溝通的達成。自然地，良好的人際關係也就建立起來。

註21： 黃惠惠(2002.9)，《自我與人際溝通》，P.12，台北市：張老師文化公司。

註22： 曾仕強、劉君政(2002.8)，《人際關係與溝通》，P.213，台北市：百順資訊管理顧問公司。

註23： 張寶蕊(2003.7.31)，《人際關係的藝術》，P.17，台北市：水牛出版社。

7. 合作要領的獲得

在人際的互動上，人際關係的建立上以及人際的溝通上都需要「人際的合作(interpersonal cooperation)」。如果沒有人際間的和諧關係、沒有人際信任的存在，人際的合作是不可能形成的。

有人際和諧，才有良好的人際溝通，也才能建立良好的人際關係。要有人際和諧，必須先有人際認知、人際信任和人際認同的成立。

林欽榮教授說：「通常在人際相處的過程中，不僅個人會影響他人，同時個人也受到他人的影響，而此種相互的影響，乃在建構實際的合作行動。」[24] 在人際之間的相處和互動上，合作機制的建構的確需要人際認知、人際信任、人際認同和人際和諧。

在人際的溝通，最平常的方式就是交談。人際交談也是促成人際合作的達成。「H. Paul Grice(1975)曾經提出四個交談準則，組成他所稱合作原則(the cooperative principle)並認為可以促進彼此交談的凝聚力，使談話內容符合交談的目的。Grice 的準則如下：

1. 量的合作(the quantity maxim)[25]

2. 質的合作(the quality maxim)[26]

3. 關聯合作(the relevancy maxim)[27]

4. 態度合作(the manner maxim)[28]。」

註24：林欽榮(2002.20)，《人際關係與溝通》，P.147。

註25：量的合作(the quantity maxim)，提供對方足夠或需要的適量資訊，不能太少、也不要太過量。

註26：質的合作(the quality maxim)，提供對方真實，並不只是避免故意撒謊或扭曲事實，也要小心避免錯誤的表達。

註27：關聯合作(the relevancy maxim)，提供切題的資訊。不相關的資訊會破壞交談的凝聚關係。

註28：態度合作(the manner maxim)，談話要具體且有組織，非語言行為同時也必須做一致的表達。當我們提供傾聽者模糊的、矛盾的或無組織的資訊時，交談的凝聚關係將會受到破壞。

以上 Grice 的四個合作原則都能適合地和有效地運用在人際相處與人際互動的各種過程上。

例 說

在公司股東的人際合作中，引用可行的方法，才能維持長久，公司的業務也才能進行得順利。在五十多年前，羅東有一家皮包工廠，董事長姓黃，身兼董事長與總經理職務，副總經理姓謝，業務經理姓彭。公司的業務由他們三個人合作擔綱。其中彭經理是唯一具有皮包專業的經理人。黃、謝二人是外行人。黃董事長負責公司的財務籌措及代表公司與外界溝通。謝副總負責各方面的協調，其實沒有固定的業務。彭經理負責拿訂單，招攬購商(buyer)，訂購皮料和環扣等等皮包材料，又擔任皮包技術總指導。彭經理是公司的靈魂人物。起初的八個月，公司營運尚稱正常，平安順利。後來到了第九個月以後，謝彭二人，安心機、巧設計，狼狽為奸，他二人利用公司營運的方便，偷偷在新莊又開一家小型的皮包工廠，利用黃董的資金及公司的材料，偷天換日，吸取羅東工廠的帳款去經營並支持他們新莊的業務。彭謝二人違反良心、不遵守道德，沒有持經達用的遵循，亦沒有執經達變的抱守，滿腦子都是東抓抓西抓抓、沒有彼此尊重的涵養，心理不正當，而且行為也因酒色而敗壞。後來，東窗事發，彭謝二人被羅東的皮包工廠開除。黃董事長認人不清、用錯了人，虧損了二百多萬。彭謝二人，信用掃地，在同業中不受歡迎，窮困潦倒。這是一個人際互動不良、人際不和諧、無人際信任等不良人際因素所形成的人際合作的失敗。這個故事是真的，我們應當引以為戒。

1. 就以上七個可行的方法，請你說說如何建立你在校園中和其他同學之間良好的人際關係。

2. 在建立良好的人際關係方面，除了以上所列出的七個可行的方法提供參考之外，你再想想還有哪些可行的方法呢？

五、互惠的策略

在人際的各種活動的過程中，要有互惠的措施。有互惠的事實才能使人際關係延展下去，也才能建立出令人喜悅的人際關係。基本地，在人際的社會交換活動上，互惠互利、互相服務、互相造福是必須存在的。人際要能有合作，人際的互惠是不可或缺。互惠不只是指著物質方面的惠利，也指著精神方面的惠利。互惠的策略可以促成合作的策略。互惠的策略與合作的策略是不可分的，而且兩者是相輔相成的，是互為因果的。互惠策略促成合作策略，合作策略產生互惠策略，這兩種策略是一體的。

林欽榮教授說：「合作策略，所謂合作策略，是指希望和別人建立起一般的良好關係，而採取與之認同的態度和行動之謂。合作策略可包括提供適當而有用的資源，以協助地方：彼此相互配合，以增進雙方的進步：表現額外的服務，以爭取對方的好感：同意對方的主張，提供相關資料：將可行或不可行的事，作為條理的分析，以供彼此參酌：盡量放鬆自己，只要默默耕耘和提供服務即可。」[29] 合作策略促使人與人之間產生互相好感、互相同意、互相協助、互相服務、互相配合。合作策略所促成的各種人際互動均在為人際互惠而進行。

註29：林欽榮(2002.2)，《人際關係與溝通》，P.52。

互惠策略,在人際互動及交互行為的歷程中,透過人際妥協及人際合作,其目的在為雙方參與人際活動者創造惠利,雙方以交換及交互惠利而互相施與,雙方以共同合作及共同創造惠利為人際互動的目的。以互相惠利為原則,人際互動,交互行為及交換方式的謀略和計畫,就是人際的互惠策略。

有實際的互惠策略,人際的關係才能有效建立起來,而且所建立起來的人際關係才能延續下去、才能維持人際關係的良好發展。

例　說

1. 目前,在全世界,有無數的連鎖商店採取互惠策略而在商場上合作,在利益的分配上,依循著互相妥協和共同認可的原則。這些連鎖商店就是以互惠策略而行其合作性的經營。

2. 在魏蜀吳三國時代,孔明和周瑜的合作,在赤壁之戰,雙方約定並聯合以火攻打敗曹軍,亦是透過互惠的策略而取得勝利。

探索與討論

1. 在赤壁之戰,蜀吳兩國的聯盟和合作打敗了魏國,使曹操敗走,魏軍之勢力因之而受挫。試說蜀吳兩個國際之間的合作策略及互惠策略。

2. 互惠的策略聯盟在商場上有何功能?互惠策略在連鎖商店的經營合作過程中,會產生哪些助益性的功用?

3. 在一個家庭中,互惠策略派得上用場嗎?試舉例說明,在一個家庭的幸福營造上,如何應用互惠策略來經營一個家庭。

4. 在學校的校園生活中,你如何使用互惠策略來增進同儕之間的感情,並取得同學之間的愉快合作呢?

六、人道的結合

在導論篇，我們已經提過了一個人際的涵義：人道際況(Humane State)。此處，我們就依照著上述的人道際況來論述人道的結合(Humane Conjunction)。這個論述是以人性(Humanity)為出發點，也以人性為歸宿，當然也建立在人性的需求之上。

人道就是以人性為基礎，以人本為中心的思想或理念。人道是重視每一個個人的存在及個人的生命價值。從哲學的立場來說，人道主義(humanism)強調具有理性的個人就是最高價值的存在物，個人是價值的最高來源，具有理性的個人是所有價值的根本來源。「humanism philosophical 哲學的人道主義，一種哲學主張，它(1)把理性的個人看成最高的價值。(2)認為個人是價值的最終來源。」[30] 在心理學上，把人道主義看作人本論(humanism=humanistic theory)。強調個人的人性尊嚴(the dignity of humanity)及個人的存在價值。張春興教授說：「humanistic theory 人本論，1.廣義言之，本詞泛指一切強調人性尊嚴與重視個人自由及個人價值的理論；2.狹義言之，本詞義同人本心理學(humanistic psychology)。」[31] 對人本心理學，張教授也有一段說法：「人本心理學主張以正常人為研究對象；研究人的經驗、價值、慾念、情感、生命意義等重要問題。人本心理研究的目的是在助長個人健康發展、自我實現[32]以至造福社會。

註30： 《哲學辭典》，P.184，台北市：貓頭鷹出版社。
註31： 張春興(2002.10)，《張氏心理學辭典》，P.308。
註32： self-actualization 自我實現，(1)指個體成長中能使其自身具備潛在條件（包括能力與人格等各種特質）充分發展的歷程。(2)指個體成長中身心各方面潛力獲得充分發展的境界或結果。亦即個體的真實我得以在現實我中獲得充分顯現者。(3)指個體成長中對未來最高境界追尋的動機或願望。」取自《張氏心理學辭典》，P.585。

　　從哲學的觀點和以心理學的看法，人道主義以人性為本，以個人為最具價值的存在物，尊重個人的自由意志和個人的尊嚴，強調生活的幸福和生命的意義。

　　在人際關係的建立，促進人際互動的發展過程，以人性為基礎，以人道主義為龜鑑，以人道性福(humanistic beatitude)為目的，以人類福祉(humakind welfare)為目標。

　　人道的結合，使人際之間的互動合作自然地順依人性，使人際之間的互動、互惠、互利與互相關懷等都能順其自然地互相分享人生成就和生活樂趣。人道結合所建立、所成就及所發展的人際關係是妥善與良好的人際關係，而且這種以人道結合的人際關係可持久、可維持永遠。

例　說

1. 孔孟聖道的仁愛思想，歷經兩千五百多年來，在每一個時代裡，都有很多儒學善心人士，弘揚及推動濟人淑世的工作，也以悲天憫人的涵養而在負擔起道德使命，這是中華道統文化的聖賢事業。參與這一種聖賢事業的眾人都是人道結合的團體，不論在太平時期或在亂世時代，都發揮人道主義的濟人濟世精神。參與這種聖賢事業行列的人，也都自然地在人際之間享有了良善的人際關係，而且人際關係延展得既廣大且長久。

2. 花蓮佛教慈濟基金會，會員眾多，為慈悲世人及造福社會，會員與會員的人際之間都以人道主義為原則而形成良善的人際關係，發揮出人道的濟人功德。這種慈悲利世、救世的人道團體，是以人道而結合的人際大團隊，是大愛於人世的團體。

探索與討論

1. 你能舉出幾個以人道結合為主的故事或現代的世事嗎？並請加以論述之。

2. 你認識多少個以人道結合為主的社會慈善團體嗎？試說明他們引用人道主義中的哪些良善項目而享有良好的人際關係呢？

3. 以人道結合為原則，可以建立良好的人際關係並且幾人際參與者進而組成一家合作公司，可能嗎？為什麼呢？經營合作一家公司，人際參與者應當遵守哪些人道項目呢？請舉例說明之。

第 2 章

人際關係的發展

第一節　人際關係的維持

　　在人際個體與人際個體之間經過了正常與有效的相處和互動之後，良好的人際關係自然地建立了起來。良好的人際關係，只是在某一個時期的階段性完成。一段時間過了以後，若良好的人際關係沒有好好的維持，良好的人際關係就會有不良的變化，良好的人際關係也無法繼續下去。因為，良好的人際關係經由時過境遷，人際關係由於失去調和而產生人際衝突。人際衝突使人際關係的良好情況難以維持，甚至形成互相抱怨、互相誤解及互相仇視的不良關係。「我們都知道意見不合與爭論的情況，我們也或多或少經歷過被他人惹怒的情形。這些情況導因於人際衝突，也可以說是因為個人的行動與他人的行動有所衝突而產生（Peterson, 1933）。在人際關係中，衝突是無可避免的，並且有可能會隨著兩個變得更相互依賴而提高其可能性。因此關係越密切，衝突越有潛在的爆發能量。」[33] 在人際之間的結合關係越密切，越要用心去維持，否則越密切的關係越會發生人際衝突。例如，一對卿卿我我的甜蜜夫妻，因良好的人際關係失去了良好的維持作用，兩人卻從恩情而變怨偶，甚至離婚，或產生更嚴重的人際關係。

註33：林正福譯(2001.8)，《人際關係 Interpersonal relationships》，Diana Dwyer，
　　　P.113，台北市：弘智文化事業。

壹　人際關係維持的需求

　　林欽榮教授說：「人際關係的建立取決於個人的意願與機緣，而人際關係的維持往往只決定於個人的意願。唯個人是否願意維繫某種關係，常常受到雙方關係是否平等對待的影響。」[34] 良好的人際關係之所以變質，無法再使良好的人際關係繼續推持下去，因為人際個體無意願延續聯繫的關係。人際之間的互動不良或很少互動，人際之間的互助合作也歸零。甚至於，人際個體之間會因為心情不悅和情緒的惡化，而發生人際衝突，再由於人際衝突引發其他不良的爭端而成為敵對關係的狀態。

　　林教授所提及的人際之間的平等對待是會提高維持雙方關係的動機和意願。雙方面以平等互動的原則，以平等的付出和回饋的方式，才可以維持良好的人際關係。林欽榮教授對維持人際關係曾說：「個人想維持和他人的關係，必須注意維護平等的付出與回饋，如此才能維持正常的人際關係，進而增進彼此良好關係。」[35] 可見，雖已建立出的良好人際關係，但是良好的人際關係仍然需要繼續營造和維持下去。營造和維持良好的人際關係仍然要以平等互惠為原則。林欽榮教授說：「所謂平等(equity)，是指兩人交往時彼此付出與獲得的對等比較，此種付出與獲得乃包括物質的和精神的，甚且是心靈上的感受，在個人感受到對方不平的對待或所得回饋較少時，個人必會降低繼續交往的意願。另有在感受到平等的對待或回饋時，個人才會提高維持雙方關係的動機和意願。」[36] 在社會人際互動的過程，任何人都有要求平等的需要，任何人都不喜歡也不願被忽視。任何人受到了不平等的待遇，都會產生心中的不滿以及口上的怨言，於是不滿的情緒也因之而起了漣漪。人際之間的

註34：林欽榮(2002.2)，《人際關係與溝通》，P.121。

註35：同註 34，P.121~122。

註36：同註 34，P.124。

相處及合作，常因不公平的待遇及不平等的對待，而變化、而起了裂痕、而停頓、而破裂。公平的原則以及平等的對待是人際之間維持關係所不可或缺的。

貳 人際關係維持的方策

既然維持人際關係，在社會人際的發展中，占有關鍵性的影響。那麼，我們應當運用哪些方策來維持人際關係呢？在此，列舉以下一些方策論述之。

一、遵守共同約定

人際關係建立以後，人際個體之間通常會依照著檔式的契約或口頭式的承諾，繼續著人際交往及人際互動。因為在進行人際關係建立的諸多過程，都在討論和交換意見，目標在建立出良好的人際關係，目的在取得人際的共同約定。也就是說，在人際溝通上，應當建立出幾個雙方都認可和認同的意見和承諾，這些意見和承諾就是雙方的共同約定(common agreements)。在人際相處及互動上，人際關係的維持必須靠著所有參與人際活動的人際個體確實地遵守人際關係的共同約定。

二、增進共同福利

人際的交互動作，都有其目的。在人際個體之間個人的目的和他人的目的經過協調及承認後便形成了共同的目的。共同的目的，就是利益。利益不只是金錢、也不只是物質，還可包括精神方面的歡欣和心意的滿足。有利益性和有助益性的所有內容都是福利。增進人際互利是維持人際關係的方策之一。

在維持人際關係繼續發展上，必須在共同福利(common welfare)獲得兩方面的目的：(1)共同福利的維護；(2)共同福利的增進。

1. 共同福利的維護

　　可以使參與人際活動的各個個體在願望上有脈絡可尋和有先前經驗來維持已建立的人際關係機制，並藉之繼續享有人際共同互與的福利。

2. 共同福利的增進

　　除了維護共同福利之外，人際關係的維持還需要促使人際相處及人際活動要本著已有的共同福利，再往上發展及向前精進，再求「增進共同福利」。時代，日新月異地邁進，社會一直在進展，人類行為一直在發展，當然人際的共同福利也要再延續推展。況且，社會的活動具有競爭性，不前進就會落伍。因此，在社會上的各種人群聚落之間、在社會上的各種活動脈絡之中，以及在社會的各種行業競爭之下，為了長久地維持人際關係，為了使人際個體有意願繼續參與和配合人際活動和關係，共同福利的增進是必要的。

例　說

　　在便利商店的連鎖機制中，參與共同體制的連鎖商店，必須遵守共同的約定，還有維護共同的福利，為了迎接同業的競爭，在業務上、在商品上、在經營策略上以及在吸引顧客的謀略上等，都要再研究、再精進，才能使參與連鎖的各個商店享有共同福利的增進。

探索與討論

　　若你想在家庭中或校園中和其他人際個體共同享有良好的人際關係並繼續延持長久，你有哪些策略可以派上用場，而且真正地獲得共同福利的維護？試舉例論說之。

三、分享成果利益

　　人際活動在人與人的互動和合作之下,都有階段性的利益產生。人際活動所完成的成果利益,依照共同的約定原則,合理地分配給與活動的每一個人際個體,使每一個參與者都能分享到成功的快感以及成果利益。分享成果利益是階段性完成的人際目的,使人際參與者心生喜悅,分享著工作達成的快樂。另一方面,分享成果利益也是下一個人際活動的誘因,對參與活動的個體提供了希望和興趣。因之,人際個體自然樂於繼續參與團隊的人際活動。也因此可促使並幫助所有參與人際活動的個體和個體之間,長久地維持良好的人際關係。

四、分享人生樂趣

　　人是感情的動物,人與人之間的情誼對維持良好的人際關係會有助益性和增強的幫助。人生樂趣包括群體歡愉活動和生活情趣活動。人與人相處,互相提供團隊集體的歡愉活動,一方面可增進人際事物的合作關係,進而促成人際合作的成功和人際良好關係的維持。生活情趣是由人際個體分享其生活上的成就及興趣上的造就給其他的人際個體,使人際之間共用著生活的樂趣。人生樂趣在人際之間的互相分享,可造就人際的良好關係,並提升友善的情誼。林欽榮教授說:「個人想要維持與他人關係的另一種方法,就是和他共同分享生活的情趣。此乃為個人與他人在相處時,能共同討論日常生活上的事物,採取幽默而愉悅的態度,提高共同話題的活潑化與趣味性,甚至對於工作上的情趣,也可以分享或分擔。」[37] 人際之間的良好關係,需要運用各種的方法和策略,避免人際衝突及人際疏遠。分享成果利益的實質性滿足與分享人生樂趣的喜悅性感受都具有關鍵性的幫助與影響。

註37: 同註 34,P.124。

 例　說

　　在一家經營合理化的公司，都有一套公司盈利的分享制度。一方面可使經營的資方獲得合理的投資報酬，另一方面也使參與公司業務營運工作的員工得到合理的待遇。並且，為了提高士氣，鼓勵休閒活動，公司也常適時舉辦旅遊活動，提供研習機會，並且也訂出公司員工的福利措施和辦法，使公司之內的人際關係保持良好的人際關係的熱絡，對公司的業務發展具有相當大的助益。例如，在台灣，目前有很多家電腦資訊公司都以這些良好的方策在經營公司內的人際關係，人際關係良好起來，公司事業也成功起來。

探索與討論

1. 在校園中或在班上，如何分享成果利益和分享人生樂趣，用以提升士氣，進而形成良好的人際關係？

2. 在一個工作團隊中的人際關係，需要分享「成果利益」和「人生樂趣」給每一個參與人際活動的個體嗎？為什麼？請舉例說明之。

第二節　人際關係的改善

　　人際關係建立起來以後，仍然要繼續營造，否則會因為人際疏離、人際衝突、人際破裂，人際關係會變質、會惡化下去。當良好的人際關係變質、變壞以後，就要設法改善人際關係。

壹 人際疏離

人際疏遠就是人際疏離。人際疏離，使人和人之間的關係變淡了、降低了和日漸少聯絡等。林欽榮教授說：「人際關係有時是可運用增進的方式努力去維持的，但有時卻是無法掌控的，這就是所謂的人際疏離(de-escalation)。疏離是指降低關係的親密程度，甚至中止或完全結束雙方的關係。」[38] 在人際之間，發生了人際疏離，人際關係必須改善，人際溝通要再運用到人際之間，改善人際關係。

貳 人際衝突

人際衝突是指著人和人之間的意見和主張因不同而產生不合，因不合而產生衝突。鄭佩芬教授說：「衝突意指個體或人際間出現差異或不一致，而導致內在心理動態緊張(dynamic tension)的反應。Dudley Cahn(1990)將人際衝突界定為『人與人在互動中，存在利益上的不同，或是出現相反的意見』。Finchma 和 Bradbuty(1991)則指衝突是一個人的行為干擾另一個人的行動過程。其實每個人都有獨特的動機、想法、感受和行為模式，所以在社會生活中，難免會有和他人發生衝突的可能。」[39] 在人際活動中，人際個體與人際個體之間，也會因為利益分配不均或獲得不到利益而產生人際衝突。

人際衝突會使人際關係受到頓挫或中止。人際衝突產生後，人際間當然要再藉人際溝通來改善人際關係。在人際溝通的過程上，要檢討原因，要尋求解決之道，要找出適當的仲介人代之溝通，尋找如何妥協對方等，人際衝突也是有可能解決的。

註38：同註 34，P.124。
註39：楊慕慈(2003.9)，《人際關係與溝通技巧》，P.253。

參 人際破裂

　　人際破裂指的是在人際之間，不僅是人際衝突，而更是惡化而互相指責，而互相仇視。這種人際關係已形成破碎。

肆 人際改善

　　如果要改善人際關係必須想盡辦法重新建立人際關係，而且還必須重新搭起溝通的橋。「當關係破裂時，我們更需要去補救或是整頓。」[40] 人際關係要補救和整頓，仍然要講求有效的人際溝通。在做人際溝通時，在適當時機要請出公平的仲裁者介入，幫忙溝通，幫忙解釋原因，幫忙再搭起人際之間的聯繫橋樑。

例 說

　　在古時戰國時代，趙國藺相如以完璧歸趙的功績受趙王晉封為上卿，總攬國家一切政事，引起勞苦功高的廉頗老將軍的不滿。由於廉頗的處處阻撓、事事橫擋，於是形成了將相不合，影響國事甚鉅。藺相如除了忍辱負重、委屈求全以外，請求數人做為仲介調停人，對廉頗曉以國家大義及全國百姓的福祉。後來，廉頗自思愧疚，主動地負荊請罪向藺相如請求寬恕並表示從此自願與他合作，並願意聽從他的政令。這是一個膾炙人口，眾所周知的故事「將相和」。

註40：魏希聖、謝雅萍譯(2004.20)，《人際關係 Human relationships》，Steve Duck 著，P.124。

 探索與討論

---

1. 在你的班上，你有因為某些原因而與他人感情不睦、或形成人際疏離或
   人際衝突，以至於互不理睬，人際關係降臨冰點。你認為需要改善這種
   不良、不善的人際關係嗎？要如何改善這種人際關係呢？

2. 在二十多年前，連戰先生與宋楚瑜先生，分庭抗禮，兩人都參加總統選
   舉，雙方針鋒相對，互相詆毀，互相攻擊，形成水火不容的惡劣人際關
   係。現今，連宋和、連宋合、連宋配，形成雙方水乳交融，互助合作，
   相輔相成二人攜手參與民國九十三年（西元二〇〇四年）的總統、副總
   統選舉，因合作良好，配合無間，至今，仍為民族融合及華人前途而努
   力合作。請問你，你能從（一）人際疏離（二）人際衝突（三）人際破
   裂（四）人際溝通（五）人際結合（六）人際合作等方面對連宋過去的
   不合以及今日的連宋合作一番論述嗎？

第三節　人際關係的圓融

圓融(accommodating)，就有圓通融合、圓滿和諧、圓滿通融的諸多
意思，而這些意思其實也是具有相同意義，也可謂之為同義字
(synonym)。

壹　人際關係圓融的理念際況

人際關係的圓融是一種具有藝術性、令人喜悅、萬事亨通的人際最
美善的際況，也是人與人之間最有人性的活動表現。這種人際間最溫
暖、最和諧的人際結合，是完全建立在人性的「愛」之上，也是以人道
主義為原則，這是大同理想的人際關係。陳皎眉教授在其所著「人際關
係與溝通」一書的第八章，「建立圓融的人際關係中」，曾說：「本章

從所有的人際關係的基礎－『愛』談起，無論是親情、友情、還是愛情，任何人的人際關係中都包含著愛，在愛中，有著奉獻、責任、尊敬、與瞭解這四者缺一不可的。」[41] 陳教授對於建立圓融的人際關係提示五項原則[42]：

1. 欣賞自己，肯定自己；欣賞別人，肯定別人。

2. 展現個人良好的特質。

3. 適當的情緒管理。

4. 改變思考與認知的方向。

5. 運用適當的溝通技巧。

的確，遵循陳教授所提出的以上五項原則，必然能日漸地把圓融的人際關係建立起來。

貳 人際關係圓融的謀求方策

要建立圓融的人際關係並不是很容易。凡參與人際活動的人際個體必須具有良善涵養，寬大胸懷，善體人意，愛心關懷、平等互惠和溝通技巧，才能順利地建立圓融的人際關係。簡述如下：

一、良善涵養

每個人際個體差能有良善的涵養，不生氣、不怨怒、不猜疑、不貪欲、不欺人、不害人、不誨任、不謗人…等不良的行為全部都盡量減少，最後都沒有這些不良善的心思及作為，那麼，人際關係百分之百可以達成圓融。也就是說，每一個人際個體先具有完全的良善涵養，人際

註41：陳皎眉、鄭美芳(2002.5)，《人際關係與溝通》，P.188，新北市：大中國圖書公司。

註42：同註 41。

之間才有真實的圓融關係。因為若能虛懷若谷，則可有一片吉祥和樂的景象，自然會形成圓融的人際每一個人相處。我們來引用一個自然現象來作說明：

「閃電之威力、無物不摧、無物能擋。其威力之大，受擊之物必受重創。閃電在空氣中有空氣、水分等媒介導體、所以閃電會發揮其強大的威力。但是，閃電一進入真空（虛空），馬上就自然地消聲無跡而化為無形。因為在真空中，閃電進入無介導體的真空，無從發揮，無任何作用。」

如果一個人的涵養能達到（虛空），那麼所有的打擊、詆譭、陷害等等不利的外來力量靠近他時，自然消失而無所作用。當然，這是一個非常困難達到的涵養。我們以這個絕對良善涵養作為我們所達到的最高目標。越靠近這個目標，涵養就越高。距離這個目標越遠，涵養就越低。在人際之間，人人良善涵養越高，其圓融的程度也越高。人人良善的涵養越低，其圓融的程度亦隨之而越低。

二、寬大胸懷

在人際之間的處理，每一個參與人際活動的個體，都應當有寬大的胸懷。一個人若能有寬大的胸懷，他自然地很有可能容納別人的意見、遵重別人的看法，遇有不如意的事他也很有可能就順心淡然處之。遇有別人誤解或誤會，他也很有可能冰釋之。總之，一個人若能有寬大的胸懷，他很容易在人際之間表現出圓融的言行舉止。在一個人際團體中的每一個個體都具有寬大的胸懷，那麼，人際關係當然地會更圓融。

三、善體人意

在人際社會中，圓融的人際關係需要人際的互相瞭解、互相諒解及互相寬恕。

　　善體人意就主動地，妥善地體會並瞭解對方的心意或意見，遇有對方誤會或誤解也為自然諒解對方。

　　在人際之間，之所以發生人際疏離、人際衝突、人際破裂等等不良及惡劣的人際關係，很多原因都可能來自於人際的誤會和誤解。一時的誤會、一事的誤解，並沒有以善體人意的方式去互相溝通，會使一時的誤會變成長期的誤會；一事的誤解，會使一事的誤解變成更多事的誤解。於是人際關係就形成更不良善、更惡劣。當然，人際關係也就越無法圓融了。

　　善體人意就可以對不良善的誤會及誤解關係改善。善體人意，一方面可以解開人際誤會及人際誤解的結，也可以主動地對其他個體關懷和幫助，取得別人的同理心和信任，於是人際關係自然地就趨向圓融的境界。

四、愛心關懷

　　愛心是人性的自然資產之一。人道主義、人本主義都是以人性的愛心為出發點。有愛心才會產生關懷。在人際活動中，每一個人際個體都應當以愛心關懷來互相對待、以愛關懷來互助合作，如此以往，人際關係自然會走向圓融的境界。

　　愛心就是以「愛」為心，以「愛」為存心、為發心，為用心。愛心表現出「愛」的人心。心中有愛。愛是從愛心而產生。「愛」是人類的基本需求，「愛」也是最基本的人際需求。陳皎眉教授說：「『愛』的範圍很廣，包含了親子之情、手足之愛、朋友之義、神佛之愛。心理學家蘇茲曾分析人們的基本需求有三種：即愛、歸屬與控制。其中『愛』是最重要的，也是人們最基本的人際需要。」[43] 陳教授又引述心理學家佛

註43：同註 41，P190。

洛姆(Fromm, Erick 1900~1980)[44]「愛的藝術」一書中所提及「愛的四種特徵」：1.奉獻；2.責任；3.尊敬；4.瞭解。的確，佛洛姆所提出「愛的四種特徵」正是人性的本有資產，也是人心的基本需求，更是人際關係的基礎。

　　愛心所產生的關懷，在人際互動中是不或缺的。關懷在人際關係中猶如人際之間的滋潤劑，可促成人際順利的人際互動，也可以促成人際關係的建立、維持和發展。

　　愛心關懷可助使人際關係邁向圓融的理想境地。在人際之間的活動中，參與人際活動的所有個體應當以「愛心關係」互相對待、互相施與和互相成全。

五、平等互惠

　　人際之間的圓融雖然繫之於人道主義的愛心關懷，但是在人與人之間的情誼對待與利益分享都必須符合平等互惠的原則。有平等互惠，人際個體就會感覺甘心與喜悅。相反地，失去平等互惠的原則，人際個體就會感覺不甘心與不喜悅。人際個體因受到不平等的待遇，心中出生了不甘心與不悅，就會了失去繼續和別的人際個體的合作，因此人際之間就會失去了融洽的關係。

　　平等互惠對人際互動是一個必要的原則，也是一個促使每一個人際個體參與互動的誘因。有平等互惠的原則，人際個體才有興趣、有信心去參與社會人際的互動。平等互惠是促成人際結合和人際合作，並助使人際關係邁向圓融的境地。

註44： Fromm，Erick(1900~1980)，佛洛姆是一位從社會哲學的觀點探討人性的理論心理學家。佛洛姆生於德國的法蘭克福，1900 年 3 月 22 日出生。（取自《張氏心理學辭典》）。

六、溝通技巧

　　除了以上五種人際個體所必須具備並遵守的方策之外，人際關係的溝通技巧也是必須具備的，而且也要多學習和多訓練。有關人際溝通的技巧，將在下一篇論述之。

例　說

　　在台南市安南區有一蔡家，四代同堂。蔡先生年紀七十多歲，其夫人亦七十歲左右，生育四個兒子。其四個兒子均成家立業。蔡老先生上有高堂年紀九十六歲，有三個孫子，七個孫女兒，全家修行孔孟聖道，遵守倫理道德。全家互助合作，成年人勤儉持家，小孩子們乖巧。全家人都有很好的修養、凡事都互相商量、互相溝通、相輔相成、平等互惠…等，全家和樂融融。蔡家全家人享有圓融的人際關係。這個例說是一個真實故事。

探索與討論

1. 從人際之間的關係發展，在一個團體中，總是有少數一、兩個人不太配合團隊的行動，有時也會出現一些妨害人際關係的進行，甚至會阻礙人際之間的互動，使團體中的人際關係漸漸地遠離了人際圓融的情況，造成團隊中多數人的不方便。你認為用什麼方策可以改進這種不良善的情況，使人際關係趨向圓融的情況呢？

2. 在一個公司裡，人事的圓融多少是有的，但並不是完全地圓融的。雖然每個員工都照公司規定而工作著。但在私下的情況，總是多少有些人際疏離和人際衝突。嚴重的，還有人際破裂，甚至，由於私人間的人際不良情況也波及公事上的人際合作，影響公司的運作。如果，你是這一家公司的負責人，你如何去處理有關人際欠協調、欠互動、欠溝通以及合作不夠的問題呢？

PART **3**

《發展篇》

人際溝通論

人際溝通(interpersonal communication)是人與人相處的人際之間的溝通，開始建立人際關係的溝通，延續人際關係的溝通，改善人際關係的溝通以及圓滿人際關係的溝通。

人際溝通包括人與人之間：感情的交流、意見的交換、情緒的互感、行為的互動以及情誼的建立。由人際的個我主體作為起點，發出訊息、傳送感情和表達出意見，再由客體接收並反應，形成主客體之間的交互關係，而且主體和客體依溝通的需要，地位可以互換。人與人的人際溝通是透個人與人的感情和行為的交互活動，產生共同的認知，交互意見的共識和行為的整合，所以人際溝通的過程的確是需要時間的延續性。何華國說：「所謂人際溝通(interpersonal communication)，指的是人與人之間的溝通和互動，包括傳送與接收訊息的過程。」[1]

曾仕強說：「人際關係與溝通，可以簡稱為人際溝通。在我們日常生活當中，人際關係是不可或缺的活動。」[2] 其實，每個人在生活過程上，必然會和別人相處，也會產生互動、互相影響及交互行為。雖然每一個都會和別人產生人際溝通的情況，但是人際溝通的要領和人際溝通的好壞卻因人而異。有些人善於人際溝通，而產生人際溝通的良善結果；另有些人是不善於人際溝通，以至於發揮不出人際溝通的良善結果。因此，人際溝通是要研究的，其要領是必須學習和訓練的。良好的人際溝通，良好的人際關係才能建立、發展和圓滿。

INTERPERSONAL
RELATIONSHIP AND
COMMUNICATION

註1： 何華國(2003.6)，《人際溝通》，P.4，台北市：五南圖書出版公司。
註2： 曾仕強(2002.8)，《人際關係與溝通》，P.201，台北市：百順出版。

第1章

人際溝通的意義

 第一節　人際溝通的涵義性

　　人際溝通是人際之間產生良好關係的潤滑劑，也是人與人之間身心互動的必要動作，亦是人際互相吸引的鑰匙。在人際關係之建立、人際關係之延展、人際關係之改善與人際關係之圓滿的各種過程上，人際溝通永遠是必行的要務，人際溝通的理念是人際關係中的關鍵要義。

壹　人際溝通是人際活動的歷程

　　人際活動包括精神性的心靈活動和現象界的行為活動。人際溝通也包括心靈的溝通與行為的溝通，也就是人際溝通透過溝通主客體之間的心靈交感作用以及行為的交互動作來進行其過程。人際溝通還利用人、事、時、地、物五大人際要素，透過人際語言、文字、訊息、符號、道具或媒介物等促進溝通雙方的互相瞭解，進而整合出共同的理念。其目的是為了建立人際關係、延展人際關係、改善人際關係或圓滿人際關係。林欽榮說：「人際溝通是人際關係的基石，蓋溝通是一種傳達訊息的行動或動作。它仍是透過符號或語言的運用，以傳遞必要的訊息，來尋求共同的理解，故能增進良好的人際關係的建立與維持。」[3] 何華國說：「就廣義而言，人與人彼此之間，任何形式傳送與接受訊息的過程，如書信往返、電話交談、當面對話等，皆屬人際溝通的範疇。狹義的人際溝通強調的是面對面雙向的交流與互動。」[4]

註3： 林欽榮(2002.2)，《人際關係與溝通》，P.132，台北市：揚智出版社。
註4： 何華國(2003.6)，《人際溝通》，P.4。

1. 人際溝通是一種具有目的性的歷程

人際溝通的歷程終點就是獲得良善的人際關係，這就是人際溝通的目的。從人際關係的開始溝通、繼續溝通，一直到溝通的完成，其過程包括很多溝通的程式。

2. 人際溝通是一種具有意義性的歷程

人際溝通除了具有其目的性之外，還具有其內容、主張、價值和理念。人際溝通的各種過程所包括的內容、主張、價值和理念都是屬於意義性的人際內涵。「人際溝通的重點在於它是有意義(meaning)的歷程」。意義是指溝通行為的內容、意圖及其被賦予的重要性。內容(content)是所傳遞出來的特殊訊息，即要溝通什麼。意圖(intention)是指說話者顯現該行為的理由，亦即「為什麼」要溝通。重要性(significance)是指溝通的價值，亦即溝通有「多麼重要」。[5]

3. 人際溝通是一種具有互動性的歷程

人際溝通是人與人之間在心靈上及行動上交互作用、互相吸引、互相好感、互相興趣和互相感染等的互動性活動。人際溝通的進行幫助和促進溝通的主體和客體之間產生各種交互作用。鄭佩芬說：「人際溝通是互動性(interactive)的。溝通是有來有往的，而不只是單一方向的行為表現。在溝通歷程中，雙方對於溝通當下及溝通之後行成的意義和關係均負有責任。因此溝通行為是彼此相互連結的過程。」[6]

註5： 曾端真、曾玲珉譯(2000.3)，《人際關係與溝通》(Inter-Act Using Interpersonal Communication Skills, Rudolph F. Verderber & Kathleen S. Verderber)，P.5，台北市：揚智出版社。

註6： 鄭佩芬(2003.9)，《人際關係與溝通技巧》，P.5，台北市：揚智出版社。

4. 人際溝通是一種具有複雜性的歷程

　　人心有慾望、有需求、有變化，基本地影響到一個人際點的個我心態，因而人際溝通也自然地變化無窮，常常產生捉摸不定的狀況。一個自我就會有變化不定的複雜心態，何況是與一個其他的自我或更多的自我產生互相影響和交互動作呢？而且人是活動性的理性動物，其人心的理智作用及判斷作用都會隨著週遭的人、時、地、事、物的變動而頻加變化。人際脈絡、社會情況、歷史背景、文化習俗與生活價值等因素都會隨時隨地牽動及改變人心的想法，這些人際的點、線、面、體的綜合因素都是錯綜複雜的。人際溝通在人心的活動性、變化性、不定性及外在諸多因素的多元影響之下，自然形成不定性和不定形的複雜性。人際溝通在人際活動上是一種複雜性的歷程。

貳　人際溝通是人際活動的目的

　　人際溝通是人際活動的過程，但以人際互動為本位，人際溝通是人際活動的一種目的。在人際的互動上，人際溝通之有或沒有達成，人際溝通的成效是否有彰顯，這就是是否有達成人際溝通的目的。有達到人際溝通的目的，人際之間才有良好人際溝通的目的。有達到人際溝通的目的，人際之間才有良好人際關係的建立和發展，人際之間才能良善及有益的互動，人際之間的活動也才能產生熱絡的情況，社會的發展及社會的福祉都是必須靠著人際溝通的目的達成。人際活動的目的之一的「人際溝通」是不可或缺的。

1. 人際溝通是具有自在性的目的

　　人際溝通本身是過程也是目的。這種目的就是人際溝通本身的自在性目的。因為在人際溝通的過程上，包括有單純性和複雜性。以單純性來說，人際溝通是簡單而單純，是比較簡易來完成，這就是單純性的人際溝通的目的的達成。例如：一個人請求其朋友幫忙，其朋友容易的答

應。這是一種單純性的人際溝通。但是對複雜性的人際溝通，並不簡單、不容易去進行。也就是說不僅是不能夠一蹴而成，而且在時間上需要很久長的時間，也需要幾個時段性的溝通，也就是說在人際溝通的自在性目的也需要幾個階段性的人際溝通的完成。可見人際溝通，以其過程而言，它是具有其自在性的目的。

2. 人際溝通是有導向性的目的

人際溝通是具有目標的，因此人際溝通有其導向性的目的。因為人際溝通在進行過程具有主導的功能存在。人際溝通的過程以及其目的之達成，對人際之間的互動及關係都具有導向的作用。「人與人之間的談話有其目的，如同主導人際情境研究的 Kathy Kellermann 所寫的所有的溝通都是目標導向，不論其目的是否能被溝通者所意識到。」[7] 人際溝通對人際之間的目標導向，對人際關係的建立及發展都會產生助益性及影響性。因此人際關係的目標導向性亦是其目的之一。

參 人際溝通是人際活動的文化

人類的活動就會產生文化。人際溝通亦是人類的一種活動，當然也會產生文化，這種文化就是人際活動的文化。「文化：人類社會在歷史發展過程中，所創造的文物、制度，以及社會意識形態等。」[8] 人際溝通是人與人之間的交互活動會產生人際文物、人際制度，也會有人際意識形態的形成。人際溝通當然是人類的一種文化。「文化（拉丁文；colere ＝培養）的原意乃是指人之能力的培養和訓練，使之超乎單純的自然狀態以上。古代及中世紀將文化(Humanitas)或市民素養(Cirilitas)。十七和十八世紀時，這一概念大為擴展。此時文化乃意指人類附加於自然

註7： 曾端真、曾玲珉譯(2000.3)，《人際關係與溝通》，P.19。
註8： 《學典》(1991.5)，P.535，台北市：三民書局。

之物，不論所附加的是在自己身上或其他對象上（文化指文化產品的總合）。」[9] 人際溝通被認為是人際活動性文化，也是合乎上述的哲學性文化。人際溝通是人類活動的產物，是依附在自然環境中卻不是自然之物。人際溝通也是一種訓練，亦是一種素養。人際溝通是人類活動以及人際互動的文化。

1. 人際溝通是一種人際藝術文化(Artistic culture)

人際溝通是一種具有藝術性的文化。溝通是一種藝術。人際溝通是人與人之間相處時所產生的活動，既是人為活動，當然也是文化的一種。我們先來談談，什麼叫做藝術？「Art 藝術，英文 Art 源出拉丁文 Ars，是特殊知識及技巧完成某些行為的能力，亦即依照審美原則做出或產生一件事物的出色本領。」[10]「art 藝術，源自拉丁文 ars，arts 意為技術。(1)所創造的有美學品味或美學價值的作品。(2)從經驗中獲得創造性技藝；設計的能力和有意識利用自然手段根據美學原理或直覺理解達到理想結果的能力。」[11] 根據上述二則以哲學立場對藝術的解釋，人際溝通也是一種藝術。因為人際溝通是一種知識，是一種技術，是一種行為能力，是一種有價值的活動成品，是一種合乎美學的行為表現以及可由直覺或自覺達到設想的人際互動結果。以上的各種人為思想活動和行為活動的能力，又使人與人之際，產生好感、美感和溝通成就的喜悅造成內心的愉快與外表行為的滿意表情，人際溝通當然是一種藝術。人際溝通以其具有藝術性的活動促進人際間和諧性的合作，使人際溝通參與者，獲得理想的達成，心意的滿足和心情的喜悅，進而促使所溝通的共同意識的合一以及共同事務目的的達成。曾仕強指示說：「溝通得從容

註9： 項退結編譯(1976.10)，《西洋哲學辭典》，P.107，台北市：先知出版社。
註10： 同註 9，P.48。
註11： 《哲學辭典》(2001.3)，P.33，台北市：貓頭鷹出版社。

不迫，言默自如，大家都能感受到，溝通是一種藝術。」[12] 所以說，人際溝通是一種藝術的文化。

2. 人際溝通是一種社會生活文化

人際溝通對人際之間所進行的活動而言，是一種歷程，對其本身階段性的達成是一種目的。人類生活中的生活歷程和生活目的全部都包屬於人類的生活文化之中。人際之間的活動對溝通的參與者，都會產生生活上的影響。參加人際溝通的人，都會經由文化心向及文化同化而趨向文化適應。個人的生活，常常在溝通的過程上，產生與人際之間的群體生活文化。所以，人際溝通是一種人與人之間相處及互動的生活文化。

人際生活文化，以文化心向促使個人在人際之間學習、培養和形成生活習慣、舉止行為和人生中的各種價值觀，這種文化的心理趨向是接受已溝通的人際文化而對外來且未溝通過的文化產生排拒作用。張春興說：「文化方向，指著在某一社會文化環境中長大的人，在生活習慣、言行態度以及價值觀等各方面，傾向於接受本土文化而排拒外來文化的心理傾向。」[13]

在人群生活中，人際互動及互相影響的生活過程上，由於個人為了生存、為了生活常常會有社會性的文化適應[14]，才可以在群眾生活中與他生共同生活。在群眾中的社會文化的心理共識及共同活動，實際上參與人際溝通及人際互動的每一個個人，為了融入社群的心理共識和行為的共同活動，都會自然地接受社會性的文化同化。在個人與他人的人際溝通及人際互動中，透過文化的同化作用，才能產生共識和行為的一致性，人際溝通才能從開始邁向發展和完成。張春興說：「culture assimiliation 文化同化，指個人或團體由社會化的歷程，逐漸獲得同社

註12：曾仕強(2002.8)，《人際關係與溝通》，P.397。
註13：張春興(2002.10)，《張氏心理學辭典》，P.137，台北市：東華書局。
註14：同註 13。

會中一般人具有的行為特徵，而且在意願上也趨向於社會規範認同的歷程。」[15]

人際溝通在人際之間，或在團體之中，受到社群人際的文化心向的導引，透過文化同化的作用，達成社會性的文化適應，因之而有了開始、發展、以至於完成。所以，人際溝通是一種社會生活文化。

探索與討論

1. 何謂人際溝通？人際溝通在人際社會活動的諸多過程上有什麼影響性和功能性？

2. 為什麼說「人際溝通是人際活動的歷程」？有哪些歷程呢？

3. 人際溝通既然是人際活動的歷程，為何又說人際溝通也是人際活動的一種目的呢？

4. 人際溝通也算是人際社會的一種文化嗎？為什麼？

5. 為什麼說人際溝通是一種藝術也是一種藝術文化呢？

第二節　人際溝通的作用性

在人際互動上及在人際社會中，人際溝通會產生哪些有功效的作用呢？也就是說人際溝通具有哪些功能呢？人際溝通對人際個體和人際團體有何助益的功用呢？在本節中，我們針對上述幾個命題逐次地討論。

註15：同註 13。

壹　人際溝通促進人際互動的作用

　　正確的人際溝通，才能產生有效性的溝通作用。從積極和正面的溝通發展，對人際互動和人際關係都有助益性的幫助。人際溝通的正確發展及其在某階段性的完成，對人際個體及人際團體都有功能性的影響性。

一、對人際個體的作用

1. 健全心理的作用

　　在個體和個體的交互溝通上，需要多方面及多次的交談或交互接觸，才能使雙方的觀念、雙方的本位堅持互相協調和相互融合，重新理出一個共識，重新建出一個共同的理念，也重新建立一個合作機制。在交互的溝通過程上，參與溝通的個體自心理上都會產生互相信任，對人際個體的心理有健全的助益作用。

2. 穩定情緒的作用

　　人際個體在互相交談，互相協商的溝通過程中，因為人際溝通未竟完成，個體的情緒難免有很多不穩定的情緒產生，比如：患得患失、雙方所提出條件的壓力、溝通不順所引起的不悅心情…等心理的穩定情緒。正面、積極、有效的溝通會使人際個體抒解壓力、心情安妥，形成情緒上的穩定狀態。

3. 肯定自我的作用

　　在人際之間彼此的互動、彼此的溝通，使人際個體會增加越多經驗及更好技巧，於是對自我的能力會越加肯定。每當一次的溝通成功，除心中的快感之外，會有更上一層的肯定自我。楊慕慈教授說：「人際溝通的過程，可以經由彼此互動而自我探索與自我肯定。例如：大多數的人已慣於自己的生活模式與工作能力，經由人際溝通的歷程，自他人的

訊息得知自己某個優點或專長，將有助學習自我探索，更從而自我肯定。」[16]

4. 滿足需求的作用

人際個體為了某種需求，於是就會和其他的人際個體互相接觸、互相溝通。達成了人際溝通，人際溝通的參與者，就有了共識，也就有了共同同意的決定。人際個體經過了溝通，人際個體都獲得自己的需求。正常、正面、有效的人際溝通可以滿足人際個體的需求。

二、對人際團體的作用

由多個（兩個或兩個以上）的人際個體相處在一起，便形成集合性的人際團體。人際團體經由個體與個體之間互相溝通，當人際溝通達成時，除了個體獲得個體的需求之外，人際團體也因所有個體的共識合作而整合得健全。

1. 團體事務的整合作用

諸多人際個體共同參加人際溝通，而完成了人際溝通的任務，當然人際溝通的任務，當然人際團體的共同事務自然地就會有成功的整合。正常又有效的人際溝通，對人際團體事務具有整合作用 (integrated function)。

2. 團體福利的分享作用

透過成功的人際溝通，人際的團體事務獲得了整合，團體事務也因所有人際溝通的群策群力而進行順利，整個團體利益也焉是成就。因為是合理的人際溝通，團體的共同的福利也會以合理的方式分享給每一個人際個體。所以說，人際溝通的成就會產生團體福利的分享作用。

註16：楊慕慈(2002.5)，《人際關係與溝通》，P.10~18，台北市：華騰文化公司。

三、對人際溝通的有效法訣

人際溝通的方法和訣竅有很多，而依人、因地、隨時而有不同的法訣。我們在此提出一些普遍和共通性的方法與訣竅。

1. 把所要的客體對象放在心中並給與重視。

2. 提出對方所感興趣的和開心的事。

3. 應用主體的才幹和技巧使對方主動地配合和溝通。

4. 使用適當的語言內容和腔調，以及令人喜悅的動作，讓對方心悅誠服。

5. 提及對所溝通的事有關的關鍵性話題。

6. 存心真誠及資訊真實，取得對方的信心並使之安心。

楊慕慈教授在這一方面也說：「因此有效的人際溝通，有助於呈現自己的最佳狀況，以自己話說的方式成功的表達。如果我們能夠以字句取勝，有信心的和各階層的人做人際溝通，用自己的話來博得對方的認同，我們的人際溝通就是成功的。達到人際溝通成功的祕訣可歸納出下列幾項：一、聽出對方的優點並牢記。二、牢記並說出對方的姓名。三、第一印象往往是致勝的關鍵。四、談話主題在對方的興趣。五、身體語言是最佳的溝通回饋。六、充分發揮自己的天賦。」[17]

貳 人際溝通化解人際衝突的作用

個體和個體之人際關係破壞及人際互動不良，必須會產生人際衝突。人際溝通具有化解衝突的作用。尤其是人際間因利益所發生的人際衝突，更需要人際溝通加以化解，人際之間的溝通才能和解人際之間的

註17：同註 16，P.10~28。

對立及化解人際之間的衝突。林欽榮教授說：「人際溝通的最重要功能之一，乃在化解人際衝突。當人際間因理念或其他利益而發生衝突時，常可透過人際溝通而化解；當然，這仍得因各種情況而定。例如，個人是否願意與人溝通、個人是否願意拋棄成見或私利、組織環境是否需要合作或競爭的情況等，都會影響人際衝突的解決。然而，在基本上，良好的人際溝通常有助於人際衝突的化解，乃是不容置疑的。」[18]

參　人際溝通增進資訊交換的作用

在人際社會中，個人和個人的相處，並透過語言交談的方式及非語言溝通的方式（例如：肢體動作、表情、信箱、姿勢、音調、方式），個人提供個人的資訊。社會上有很多個人集會互相提供資訊，形成每個人的資訊交換。在社群裡，於人際溝通的功能促使社會資訊的交換。「正確和適時的資訊是做有效決策之鑰。我們經由觀察，部分經由閱讀，有些經由電視而獲得資訊，我們也藉由和他人的交談獲得許多的資訊。」[19]

探索與討論

1. 人際溝通對人際個體的發展有哪些作用性呢？試舉例論述之。

2. 人際溝通對人際團體的發展有哪些作用性呢？試舉例論述之。

3. 人際溝通能夠化解人際衝突嗎？你認為如何運用人際溝通去化解人際之間的誤會和衝突呢？

4. 為什麼說人際溝通可以促進人際社會的活動發展，增進人際社會資訊的交換作用呢？

註18：林欽榮(2002.2)，《人際關係與溝通》，P.145。
註19：曾端真、曾玲珉譯(2000.3)，《人際關係與溝通》，P.17。

第三節　人際溝通的價值性

在人際溝通中有很多功能性的作用。因此，自然地人際溝通就會產生很多人際的價值性。

人際溝通的價值性可分為兩方面來說：（壹）人際溝通在人際之間的本身價值；（貳）人際溝通在人際之間所產生的價值。

壹　人際溝通的本身價值

人際溝通是人際之間的一種互動的動作，也是一種人際相處的互動階段。

一、人際溝通是一種動作價值

人際溝通是人際個體和人際個體之間的動作，這個動作在人際互動之下，產生心理上的交互作用，互相說服對方、互相在贊同對方，最後形成人際互動的共識(common consensus)，進而在人際關係中分享著共存(coexistence)。所以說人際溝通是一種動作價值，也就是具有價值性的動作。

二、人際溝通是一種人際互動的階段

這個階段所需要的時間依其實際需求而定，有時候的時間是長久的，有時候的時間是短的。不論長時間或短時間，都以「時段(period)」而存在。在這個長的或短的時段中，人際個體和人際個體相處在一個以語言或非語言或超越語言在做交互作用的互動，藉這個人際互動的時段，企圖探究出人際共識的獲得，進而促使人際溝通的達成。

貳 人際溝通的產生價值

　　人際之間的交互作用及互動，從正面及積極方面發展，都會產生各種的價值。人際溝通是人際的活動之一，當然亦有其價值的產生。人際溝通所產生的價值包括很多，此處我們列舉幾則簡述之。

一、人際溝通是增進人際互動的價值

　　在人際互動的各種活動上和各種互動的過程中，有時人際之間有和諧和融通，有時人際之間有爭執和衝突，人際溝通的價值就在人際之間從爭執和衝突轉化成和諧和融通。所以，人際溝通是一種增進人際互動的價值。

二、人際溝通是建立人際關係的價值

　　在人際個體與人際個體之間的互動過程上，這個多幾次的人際溝通，建立了人際關係。所以說人際溝通是一種建立人際關係的價值。

三、人際溝通是維持人際關係的價值

　　在人際之間所建立起了良好的人際關係。良好的人際關係仍然要際續營造、繼續延展，才能使良好的人際關係繼續維持下去。人際溝通在人際關係的維持上是占有必要的存在地位，而且是維持良好人際關係永恆存在的必要條件。所以說人際溝通是一種維持人際關係的價值。

四、人際溝通是改善人際關係的價值

　　在人際交互作用的活動中，在情緒的互動和在行為的互動上，人際關係也會常常遇上爭執和衝突，於是人際關係惡化了。人際的惡化關係要改善，必須藉人際溝通。人際溝通是一種活動性的價值，是一種改善人際關係的價值。

五、人際溝通是圓融人際關係的價值

　　善用適當的人際溝通技巧使人際互動更為暢通，人際關係也因之而圓融。人際溝通所引用的技巧，包括互相瞭解、互相共利等等，因此對人際關係的圓融，是有實際性的助益和促成。所以說人際溝通是一種圓融人際關係的價值。

 探索與討論

1. 人際溝通在人際活動的諸多過程上有哪些人際溝通本身的價值性，請舉例討論之。

2. 人際溝通在人際交互的活動上，在哪些人際溝通過程上所產生的價值？試舉例論述之。

3. 你認為人際溝通會促成人際之間的人際圓融(interpersonal harmony)嗎？據你的看法，舉例討論之。

 ## 第四節　人際溝通的重要性

　　林仁和教授說：「以舊約聖經的巴別塔事件（創世紀 11 章 1~9 節）為例，很清楚地說明在個人和組織成就上所扮演的重要角色。」[20] 從上一節「人際溝通的價值性」，當然，我們很肯定人際溝通的重要性。在人際之間的相處、交互行動、情緒感染及行為互動等過程上，人際溝通永恆地存在每一個人際活動中，而且發揮其價值性，並增進人際的良好關係。以下列舉幾則重要性論述之。

註20：林仁和(2002.3)，《人際溝通》，P.4，台北市：洪葉文化公司。

壹 關鍵作用的重要性

沒有人際溝通，人際間的互動就不順遂，人際關係也無從良好、也無法建立起來。人際溝通是擁有關鍵作用的重要性。

貳 團隊合作的重要性

在人際團體中，靠著人際溝通，使每一個參與人際活動的每一個個體才會有共識進而共同合作。因為良善的人際溝通有促進團體的結合和合作，並且具有提高志氣和聚集團隊凝聚力，使人際團隊融和及合作。林仁和教授說：「良好的溝通是形成組織團結和提高士氣必要的條件，同時，也是他們發揮團隊無可限量的創造力之一種基礎。」[21] 由人際眾多個體所聚合而成的團隊，參與人際活動時所有個體卻需要藉由人際溝通而聚合意志和整合共同意識，因之人際團隊就自然能合作起來。所以說人際溝通具有團隊合作的重要性。

參 人際同理心的重要性

在各種人際關係中及在所有人際互動的過程上，同理心是一個缺少不了的重要因素。同理心，是每個人際個體所產生的共同理解，再形成共同的理念。張寶蕊博士說：「同理心(Empathy)，其實是一種進入別人的世界，去瞭解他所知道的『真理』，並且將這種瞭解讓對方知道。」[22] 張博士又引用羅吉斯的說法：「根據這名詞的創始人羅吉斯(Carl Rogers)的說法，同理心就是要讓他人覺得『你』與『他』是在一起的(being with)，你可以思考他所想的(thinking with)，當他有所感受時，也許我們不能感受到他的感受，但卻可以陪伴與支援他的感受(feeling with)。」[23]

註21：同註 20，P.4。
註22：張寶蕊(2003.7.31)，《人際關係的藝術》，P.184。
註23：同註 22，P.185。

　　同理心在人際互動中，心理與行為兩種互動都會產生互相交流與互相感染，也因為溝通交流，會在人際之間產生共同的認知、共同的瞭解和共同接納，於是人際同理心可以改善人際衝突，可以突破人際僵局，可以立起人際信任，並進而篤實人際共識與人際合作。人際同理心在人際關係占有關係性的重要性。

肆　人際協調性的重要性

　　溝通的協調功能在人際關係是不可缺少的。因為在人際團體中，個體和個體在社會人際行為的交互作用，會有產生互相依存及互相依賴的需要。人際社會中，協調的行為是在人際溝通及人際活動的過程上，協調性的人際行為是自然存在的。沒有人際的互相協調，人際溝通是缺陷而不可能健全的，甚至，人際協調的缺乏，人際溝通是不能發揮人際關係的良好效果。

　　林欽榮教授說：「任何人際活動都必須要有協調性，始有存在的可能，人際溝通亦然。就事實而論，人際溝通是集體性的行為。人類社會的組合實與人類溝通具有密切的相互相依存關係，兩者缺一不可。」[24]的確地，在所有的人際活動過程中，人際之間的協調性互動是時刻地存在著。人際協調性具有建立良好人際關係及推展人際良性的互動占有其重要性。

伍　人際整合性的重要性

　　人際溝通可以促進人際關係的建立與發展。在人際關係和發展的人際團體活動上，人際整合(interpersonal conformity)是指參加人際互動活動的各個個體，經過一連串的溝通後，在心念及動作兩方面得到一致性

註24：林欽榮(2002.2)，《人際關係與溝通》，P.141。

的動作，於是人際團體在某一個主題或多個主題上享有一致性，進而形成人際整合性，人際關係會更好、更團結和更堅固。人際溝通在協調和促進人際關係的作用上，人際整合性對人際的活動上具有團結人際個體及結合人際個體的實際重要性。

探索與討論

1. 人際溝通在人際社會發展中的團隊活動的合作上，有何重要性？請舉例發表你的看法。

2. 在人際之間的交互活動上，請你以「同理心」為立場，舉例說明人際溝通在人際社會中的重要性。

3. 何謂人際整合性(interpersonal conformity)？人際溝通對人際的整合有何助益呢？

例　說

　　東漢時代，在河南汝南的地方，有一位有名望的人，名叫許劭，修有和穆之德，懂得人際整合，善能結交益友良群，共同為鄉梓謀造福利，貢獻地方，甚受敬重與好評。

第2章

人際溝通的技巧

　　既然人際溝通的功能在人際關係的建立和發展，具有關鍵性的重要，我們就要好好地研究和學習人際溝通的技巧。人際溝通的技巧能夠幫助人際互動的順利，營造良好的人際關係。有效的人際溝通自然能有效的營造良善的人際關係並維持長久。徐西森教授說：「人際關係的建立、維持與改善，固然受到互動雙方之身心特質、動機目的與交往態度的影響，但是，如何運用有效的人際互動原則，且實際操作有效的溝通技巧，更是突破人際、經營人際的重要方法。」[25] 人際溝通的技巧有很多，只要能促進人際溝通的作為皆屬人際溝通的技巧。此處，我們列舉數則技巧探討之。

第一節　使用語言溝通的技巧

　　在人際溝通的過程中，人際個體和人際個體之間的溝通以語言為最直接的媒介方式，以語言溝通為最直接、最方便的人際溝通技巧。

　　聞其聲，而知其情。語言的聲音由耳朵所接聽，語言的意思和涵義由人心所意會、由人心所瞭解及由人心所反映。語言溝通的技巧就在透過語言的聲音和意義，由人際個體的心產生互相瞭解、互相認知、互相反映和互相調和，終於獲人際溝通的達成。

註25：徐西森等著(2002.11)，《人際關係的理論與實務》，P.116，台北市：心理出版社。

　　用語言溝通的技巧增進人際關係，必須先研究及訓練自己的語言能力和說話的技巧。語言能力需要良好的修辭(rhetoric)訓練，亦需要有詞能達意的口才，更需要具有說服力(conviction)。

　　語言的溝通，發聲的人際個體，應當注意到聲音的發出，聲音的音調、音量、音質、音率（聲音的頻率）和音色[26]。五種要素，都會影響到語言溝通的效果。這五種聲音的要素要配合溝通的地點、對象、時間和事務的需要，表現得適當。林欽榮教授說：「語言的四項主要特色是音調、音量、頻率和音質。音調是指聲音的高低，音量是聲音的大小，頻率是聲音的快慢，音質是聲音的質地。這些常單獨或共同表達個人所想傳達的意思。」[27]

　　語言可以表現出一個人的內在想法給其他的人聽，並使其他的人能瞭解其內心的心意。這就是語言溝通的最基本意義。「語言(language)是藉由具有共同意義的聲音和符號，有系統的溝通思想和感情的方法。」[28] 語言，是人與人之間溝通的媒介方式，也是人際之間互相體會的媒介要件。語言，在人際溝通的過程上，具有互相瞭解、互相體會以及想法互相交流的實用性。林仁和教授說：「語言是人類表達感情、溝通思想、傳播訊息的一種工具。語言溝通就是人類在運用語言傳遞訊息、思想、感情時的手段、技巧和規律的過程和活動。」[29] 語言是人際間溝通的交流媒介，也是人際關係的滋潤催化劑。語言溝通是一門學問、是一種藝術、是一種訓練以及是一個人在人際之間的人際需要。

註26：音色，就是音品，每一發聲體所發出的生聲波特性。取自《學典》，台北市：三民書局。

註27：林欽榮(2002.2)，《人際關係與溝通》，P.172。

註28：曾端真、曾玲珉譯(2003.3)，《人際關係與溝通》，P.67。

註29：林仁和(2003.3)，《人際溝通》，P.28。

探索與討論

1. 在人際社會諸多過程中，人際溝通有哪些有效的技巧？
2. 在語言溝通上有哪些要注意的事項呢？
3. 何謂肢體語言？舉幾個例子說明。
4. 在人際溝通中，如何運用思想和情緒的作用呢？
5. 何謂自我表露？自我表露可以用在人際溝通嗎？
6. 如何營造人際溝通的機會和人事環節呢？

第二節　使用非語言溝通技巧

　　何華國教授說：「許多人一聽到非語言溝通(nonverbal communic-ation)，馬上會直覺地認為指的是『肢體語言』(body language)，如用以傳達訊息的手勢、表情、肢體動作、衣著、眼神等。事實上，人類表現了非語言行為(nonverbal behavior)，是否就算在作非語言溝通，可謂各有不同的見解。」[30] 有些人以為肢體的動作或臉部表情等是在表現出一個人的思想和心意，因而視之為語言的代替方式，因此也視之為非語言溝通。但是，另外也有些人認為人的動作、表情、手勢等肢體行為不一定是具有代表人際個體的思想及心意，因此不視之為非語言溝通的表現方式，不具有溝通的功能存在。在人際溝通的過程上，直接用語言為溝通方式，概稱之為非語言溝通。

　　在人際互動中，一個個體心中所思想的事要表達給另外一個個體或多數個個體瞭解，透過語言方式以外的各種方式，這些所有非語言的方式仍然在自於一個表達心意的人際個體。

註30：何華國(2003.6)，《人際溝通》，P.103。

　　肢體動作的技巧可以在人際溝通中表現出溝通的功能。要表達心中意念的人際個體，不用語言而採用肢體動作來進行人際溝通。這些肢體動作，採用以光線和現象表現的方式讓他人的眼睛所觀視，然後他人就瞭解或體會其他人心中所想的意念；也有用味道來作人際溝通的；也有用聲音來作人際溝通。這些凡是引用人際個體身體發出動作或由身體配合其他道具、顏色、味道等使對方的感覺器官經由感受作用而瞭解或體會人際主體的心中意念。

　　「研究非語言訊息的學者指出肢體語言動作主要有五種：象徵(emblems)、說明(illustrations)、情感表達(affect displays)、調整(regulators)以及適應(adaptors)。」[31] 用動作的象徵表達心意。用動作表示對某些事情的監控、控制、同意或反對等。用動作表達出心意使對方滿足或同意。動作包括了身體、手腳四肢、頸部、眼睛、耳朵、鼻子、嘴巴、脖子和口鼻聲音等。

　　肢體的動作，身體的姿勢，頸部的搖動，臉部的表情、眼色、眼睛的開關，手和耳朵的表示，臀部的扭動…等都可作為非語言的溝通。人的身體包括手腳引用道具、顏色、衣飾、帽子…等也都可以表現出一個人際個體的內心想法，而可作為非語言溝通之用。

　　非語言的行為動作和表情有時候在語言無法溝通時，反而更具人際溝通的功能。非語言溝通來自於人群傳統或通用的動作表現，也有來自於特殊的教導和訓練。非語言溝通在人際互動的溝通過程中，是時常有的。人際溝通不可缺少非語言溝通的方式。

註31：洪英正、錢玉芬編譯(2003.9)，《人際溝通》，P.174，台北市：學富文化公司。

探索與討論

1. 何謂非語言溝通？依你之見，有幾種非語言溝通呢？

2. 在人際溝通的過程上，非語言溝通的技巧效果如何？

3. 你有常用肢體動作來與別人作人際溝通嗎？舉例論述之。

4. 人類的感官有人際溝通的作用嗎？為什麼？請舉例說明之。

第三節　使用思想溝通的技巧

　　使用語言溝通或非語言溝通，其目的都在人際之間的思想溝通。運用所有有效用的溝通方法或方式促成人際之間良好的人際關係及合作的行為，必須建立在參與人際活動中每個人際個體心中的理念共識，也就是建立在人際間的思想溝通。

　　一個人在人際之間，使用思想溝通的技巧，他應當要具有豐富的經驗、足夠的有關知識、敏銳的眼光、正確的思考、瞭解對方的觀念以及提出令對方贊同的見解等。

　　人際溝通若沒有達成人際之間的思想溝通，就沒有什麼意義了。所以如何使用思想溝通的技巧就是人際溝通的最重要工作了。以下幾則重點有助於思想溝通的運用。

一、知己知彼，百戰百勝。

二、正確資訊，適合需要。

三、豐富經驗，說服對方。

四、足夠知識，提供見解。

五、優秀涵養，獲取好感。

六、遵守諾言，贏得信任。

七、提供利益，引出動機。

八、分享成就，善結人緣。

若能利用以上幾則理念，知行合一地推展，就會助使人際互動更為密切，也會助使對方樂於人際主體互動與合作。這都是人際活動過程中，主體和客體的思想溝通良好，有了共同的見識，有了共同的認知，有了融通的思想。這也就是思想溝通的實質性意義。

思想溝通的技巧不只是理論式的，還需要實踐性的。吾人在人際溝通的過程上，要把思想溝通的知識多充實，也要把思想溝通的技巧多演練，達成人際溝通的任務和建立良好的人際關係都會很容易做得到的。

 探索與討論

1. 根據本節中所提示的人際思想溝通的八個重點，你能分別地解釋嗎？舉例詮釋之。

2. 為何說在人際溝通與思想溝通的技巧時，理論和實踐要並重呢？

3. 試述人際的思想溝通的可能性及功能性。

第四節　使用情緒溝通的技巧

在人際互動的諸多過程中，人際個體和人際個體之間常常有情緒互動以及情緒互動以及情緒互相感染。因此，人際之間的情緒溝通也是很重要的。「人與人之間最重要的是情感的交流，情緒的表達將可以更增

進人際的溝通，當我們有情緒時，我們才知道自己內心真正的感受，也才有機會向他人表達，以維護自己的權益或者增進彼此的情誼。」[32] 在人際之間的情緒表達可促使主體和客體之間的情緒溝通。人際之間有了良好的情緒互動，自然地就會有雙方的情緒溝通，也因此而促進彼此之間的情誼，進而促成人際之間的良好關係。情緒溝通在人際溝通的整個過程中也是很有重要性的存在。

情緒溝通(emotional communication)，是在人際互動中的人際個體之間，運用心理狀態或心理情緒來影響對方，促使對方配合主體的情緒而產生共同的互動情緒。透過人際的情緒溝通，雙方的情緒會有情緒互動，再由情緒互動而使主體和客體雙方產生行為的共同互動。人際關係也會因有了情緒溝通所產生的人際互動的共同的交互關係。要使用情緒溝通的技巧，先要多在情緒問題分析和情緒管理方面加以研究和學習。

要結合人群、要集成人際團體，使用情緒溝通的技巧是很有效的。

分析自己的情緒，也分析對方的情緒，使雙方的情緒能融通而合一。要對自己情緒加以管理，也要想辦法促進對方對他自己的情緒管理。情緒溝通就是人和人之間的情緒的互相表達。黃惠惠教授說：「情緒表達與人際溝通有重要的關聯，具有相當正面的功能。情緒表達的功能：1.別人可以更瞭解你。2.你可以更瞭解別人。3.情緒得到解放並且變得更真誠。4.彼此的關係更牢固。」[33] 在人際互動中的情緒溝通對人際情緒會有互相影響、互相感染及互相融通，會促進人際關係的良好狀況。

註32：蔡秀玲、楊智馨著(2002.9)，《情緒管理》，P.20~21，台北市：揚智出版社。
註33：黃惠惠(2002.9)，《自我與人際溝通》，P.123，台北市：張老師文化公司。

1. 何謂情緒？情緒能引用在人際上嗎？

2. 何謂情緒溝通？情緒溝通的技巧有哪些？依你之見討論之。

3. 要結合人群，使人際團體有正常與有效地發展，情緒溝通的效果性如何？

4. 情緒表達的功能是什麼？有哪些功能呢？

第五節　使用自我表露的技巧

在人際溝通上，為使自己的心理想法讓他人瞭解，除了取得他人的信任之外，還可使他人與自己形成認知上的共識，建構出人際合作，增進人際的良好關係。

在本書「人際的部分」，已敘述了有關「自我表達」的一些說法。在本節中，我們將更進一步來討論自我（個我）表露的一些技巧。

「自我揭露(self-disclosure)是一個溝通的型態，你可以藉此向他人透露關於你的訊息，並將深藏在隱藏我中的訊息遷入公開我當中(Jourard 1968, 171a, 171b)，對於自我的直接陳述以及說溜嘴的話、非語言下的意識動作、公開的告解等都被視為自我揭露的不同型態。」[34] 原本地，自我所溝通的對方（接受溝通者）並不知道人際主體（自我）的心聲及訊息，經過自我揭露（自我表露），人際客體就可以瞭解人際主體的內心想法及內在訊息，人際客體也對人際主體有瞭解有信任。林欽榮教授說：「所謂自我表露的技巧，就是要求自我能完善地表白自己的思想、

註34：洪英正、錢玉芬編譯，《人際溝通》，P.52。

意念，並以最佳的語言和肢體動作加以呈現，以求能和他人進行良好的溝通之謂。」[35]

在人際溝通的過程上，自我表露有以下幾個要領：

壹　有關訊息的自我表露

在溝通時，人際個體之間雙方只要對所要溝通的內容和有關的訊息作出表露，目的在於雙方直接了當地互相瞭解對方的來意，使雙方能清楚地、直接地進行人際溝通。

貳　隱約訊息的自我表露

由於所處的人際情況還不方便直接地表露出自己的心意，或者尚在試探對方的心理狀態，或還在打聽對方對某些資訊的瞭解情形和看法，因而在雙方交談或語文或肢體動作等溝通過程上，字裡行間或含蓄地表現心中的意念或想法。

參　漸進訊息的自我表露

隨著溝通所進行的情形，以及人際之間雙方溝通時互相瞭解的狀況，從隱約性的自我表達而移到漸進式的自我表露。林欽榮教授說：「自我表露的內容常隨交往的深度而異。當人際開始交往時，所能表露的內容極其有限，隨交往程度日深，其所可表露的內容將越為豐富。」[36] 漸進式的自我表露，使溝通的內容訊息隨著人際交往關係或人際互動的情況而漸漸增加或逐次表明。

註35： 林欽榮(2002.2)，《人際關係與溝通》，P.262。
註36： 同註 35，P262。

肆 回應訊息的自我表露

在人際溝通中，雙方都在作提供訊息和回應訊息兩個動作，這種提供與回應訊息越為熱絡，越為順暢，人際越為融合，就表示著人際溝通越為良好，人際關係亦形成更密切，更篤實。

伍 驗證訊息的自我表露

在人際溝通上，經過了多方面及多次或順利的訊息互相表露，雙方也有了相當的互相瞭解與信任，同時建立起良好的雙方共識。為了尋求合作或訂出公約，透過驗證訊息的自我表露，表達出自己的誠意和願意，也要證實對方的誠意和願意。

探索與討論

1. 自我表露(self disclosure)也是一種人際溝通的技巧嗎？

2. 自我表露在人際溝通上有哪些要領？請舉例討論之。

3. 請你運用自我表露的要領與你的同學或朋友作人際溝通，你會如何去進行呢？

第六節 使用傾聽溝通的技巧

在人際溝通的方式，除了使用語言、文字、非語言、非文字、肢體動作、形象表情等方式之外，傾聽對方和促請對方傾聽自己也是一個非常重要的方式。

　　沒有傾聽，就沒有正確的心理瞭解，當然就無法有良好的溝通。林仁和教授：「在溝通的過程中，傾聽扮演了非常重要的角色。」[37] 傾聽是瞭解的起端，也是溝通的開始。

　　傾聽的技巧很多，只要提示能以傾聽的方式而達到良好溝通的任何要領都可歸屬之。列舉幾種傾聽溝通的技巧如下：

壹　態度從容、注視對方

　　為了表示禮貌、為了表示尊重，傾聽者要態度從容，眼睛要注視對方，不可有眼睛亂視、眼神忽視及目有旁騖，一方面是尊重對方，另一方面傾聽對方的話，瞭解對方的心意，使人際溝通有效地、順利地進行。

貳　舉止中肯、聆聽所言

　　傾聽者的舉止行為表現適當中肯，不唐突亦不浮動，要聆聽說話者的言語和所說的內容。助使說話者有興趣、有意願及有良好的情緒，繼續地把他心中的想法說下去。聆聽者也藉之聽清楚並更瞭解說話者所說的內容。

參　適當反應、心身互動

　　在人際的溝通上，說話者與聆聽者如果有良好的互動，說話說得起勁，傾聽者聽得高興。傾聽者在表示聆聽者的反應時，若能以適度反應（包括唯諾聲、和顏悅色、專注眼神或其他肢體形象表情等），會使說話者的情緒充滿安心與喜悅，對人際溝通甚有幫助，當然對人際關係的良善發展也有相當的助益。

註37： 林仁和(2003.3)，《人際溝通》，P.12。

肆 適時適事、表達觀點

在人際溝通上，也是有人際目的的。為了達到溝通的目的，聆聽者也可適時適事而表達意見和看法，使人際雙方達到有意義性的溝通 (meaningful communication)，使人際的活動能合理化和效果化。

 探索與討論

1. 你認為傾聽也是一種溝通技巧嗎？為什麼呢？

2. 何謂傾聽溝通？傾聽溝通有哪些技巧，試舉例論說之。

3. 要做到傾聽溝通，先要有哪些身心涵養和文化素養呢？

第七節　使用營造溝通的技巧

溝通的技巧要研習和訓練。溝通技巧的使用卻依賴著機會和人緣。有關人際的人事機構，是需要營造的。營造溝通的技巧，就是以有策略的方法來創造及營造人際溝通。從人際之間，為有機緣的時候，雙方都尚未有人際關係，也尚未有人際互動，當然也沒有人際溝通。人際個體為了他所做的事，包括目標和目的，也包括了理想和需要，於是，他就必須從零開始開拓人際關係，也啟動人際溝通。

如何使用營造溝通的技巧呢？因人因事，方法很多。見人見智，各有各的妙招。但不管任何方法和技巧，必須具成效和價值。這樣的技巧才會溝通有機緣的營造，有所意義。從溝通的內涵「人與事」及溝通的延用「知與行」稱作論述。

壹　尋找有利的人與事

1. 尋找有利的人與事，營造啟動性的人際溝通。

2. 尋找有利的人與事，營造繼續性的人際溝通。

3. 尋找有利的人與事，營造成效性的人際溝通。

貳　研究有用的知與行

1. 研究有用的知與行，營造互動性的人際溝通。

2. 研究有用的知與行，營造互惠性的人際溝通。

3. 研究有用的知與行，營造互樂性的人際溝通。

　　人際溝通的技巧，在人與事方面要營造機緣；在知與行方面要營造運用。在人際互動中，在人際溝通上若能使用「人與事」之所營造的溝通技巧，以及使用「知與行」之所營造的溝通技巧，人際之間的溝通自然地順利和有效益的。

探索與討論

1. 何謂營造溝通？營造溝通對人際關係的增進有哪些助益呢?試舉例說明之。

2. 在人際活動中，如何去尋找有效的人與事呢？

3. 如何利用有用的「知與行」去營造溝通的技巧？

例　說

　　晏嬰，又稱晏子，是一位春秋時代後期的著名外交家、思想家。善於營造溝通。齊景公時的刑罰很重，他用良善的溝通技巧，說服齊景公減輕刑罰。

第3章

人際溝通的目的

　　人際溝通使人與人之間互相瞭解、互相討論和互相交流，進而促進人際互動和人際合作。人際溝通的目的很多。凡是由人際溝通所產生或所形成的良好人際關係，都可認為是人際溝通的目的。我們從人際之間的活動和人際之間的關係觀察，明顯地發現人際溝通融合人際活動，也善化了人際關係。

 第一節　心靈的藝術表現

　　人類的身心具有高度的藝術能力。奇妙地，人類的身體是天賦的藝術品，人類也自然地選用人類身體創造很多藝術品。人類的心靈本身也是一種藝術的機制，也具有創造藝術的思想及能力。人際溝通，的確地，是人際之間的身心藝術表現，有「形象」的藝術表現，有「聲音」的藝術表現，有「形聲合一」的藝術表現，有「戲劇」的藝術表現…等。人際溝通在人際活動上具有各種藝術的功能與表現。人際溝通，對其本身而言，它是藝術的作品；對其形聲表現，它是具有藝術功能的。

　　在人際之間的活動過程上，人際個體隨時隨地都會有藝術的形聲表現，包括透過光線的形象表現以及透過聲音的聲象表現。人際溝通的目的很多，心身的藝術表現也是其中的一項。

壹　心靈的藝術表現

任何言行動作表現，都出自於內在心靈的產生心念、醞釀意念和表現心意。所謂「存乎中，形乎外」。人類的心靈機制(psychgical mechanism)和心靈的作用兩者都是藝術。於是，源自於心靈、透過心靈作用，人際個體在人際溝通中就會有藝術形聲表現。原先，人類尚未有形聲表現之前，在人類的心靈中，就有藝術性的心靈本體及心靈作用存在。心靈作用的思考、理智、記憶、情緒等均屬於藝術的範疇。人際／溝通是一種心身合一(the unity of mind and body)的藝術。在人際溝通中，一個人際個體透過心靈作用、再透過語言和其他形聲表現、使他人也透過身體感覺和心靈感受，進而進行雙方心靈融通，再以言語或用動作表現。在人際之間，心靈的溝通也是一種藝術。所以，我們也認為心靈的藝術表現也是人際溝通的一種目的。

貳　身體的行為表現

如果，我們靜靜的欣賞著一個人際個體在人際溝通時的言行舉止，我們也發現那是一幅動態的畫。原來，有活動性的身體也是一幅藝術畫。

人的身體結構是一個富有藝術性的存在體。人的身體機制是一個藝術品。人的身體行為也是身體的藝術表現。這種身體的藝術表現是人際溝通過程上的階段性完成的一種目的。所以，我們認為身體的藝術表現是人際溝通的一種目的。

探索與討論

1. 人際溝通也是一種心靈的藝術表現？你認為呢？為什麼？

2. 為何人際溝通是一種感官的功用呈現呢？請舉例說明之。

3. 為何說人際溝通是一種身體的行為表現呢？

4. 人際溝通對人際關係的建立及維持有其功用、有助益嗎？請舉例說明之。

5. 為何說人際溝通在人際社會的互動中也是一種學習，也是一種訓練呢？

6. 為何說人際溝通在人際活動中是一種生活樂趣呢？

第二節　感官的功用呈現

　　人的感覺器官有接受自己身心的感覺及外來動作或形聲的感覺。人的心靈也會因受到形聲的感覺而有所感受。在需要時，心靈也會派使感官作些反映作用(reflection)，然後再以形聲而呈現，用以表達心靈的感受(acceptation)和反應(reaction)。人際溝通的表現，就是在人際之間，參與人際活動者在心靈上的互相感受和互相反應。這些具有互相性(mutuality)的感受和反應都必須經由感官的作用呈現。所以，我們都以感官的作用為人際溝通的必須要件。人際溝通自然地包括了感官的作用呈現。在人際的活動上，感官的功用呈現自然也是人際溝通的目的之一。

　　感官的功用呈現對人際溝通的某一個段落來說，是一種形象或聲象表現。但是，感官的功用呈現人際溝通中人的心神合一卻是一種目的。感官的作用呈現對整體的人際溝通來說，它是人際溝通中所有目的中的總目的。所以，在人際溝通所包括的所有目的之中，感官的功用呈現是其中的一種目的。

壹　感官的形象功用

　　人的感官其本身存在是藝術的作品，其感官的動作是具有藝術性的形象，包括靜態形象和動態形象。這些靜和動的形象都透過了光線而浮現。在人際溝通，人際個體的感官都會應時應事呈現其功用，這些功用透過光線媒介而表徵出來。這些感官的形象功用，一方面是人際溝通主的自我調適和自我表露；另一方面是主體要給與客體的感官有所感受，而引出客體的感官功用呈現，藉此而促進雙方的人際溝通。這些感官的功用呈現包括了眼神、眼色、臉象、臉色、嘴、嘴脣、牙齒、手腳四肢、或感官的連結配合等等動作。只要是人，我們可肯定，任何人在任何地、在任何時都有其執行感官的形象功用，活存於世的人都相同地在呈現感官的形象作用。

貳　感官的聲象功用

　　對具有耳力作用的人，聲音是耳朵之所以發揮功用的價值性條件。有耳朵，而沒有聲音提供給耳朵聽，耳朵價值性功用就減低、降低了。有聲音但耳朵失去了聽覺功用，聲音亦枉然而失去價值。

　　感官的聲象功用，最主要是講「耳朵」的本能。在人際溝通，人際個體會以其口嘴發出語言、話語、或其他各種聲音來代表他心中的想法，有時也以鼻發聲，有時亦也以身體手腳擊響出聲，有時也藉著外物拍觸生聲等等來表達出他心中的感受和心意。這些都是正常人都具有感官的聲象功用。

　　除了人類的身體發聲之外，身外諸物的發聲也會引起感官的聲象功用。只要有聽覺的正常耳朵，都具有感官的聲象功用。另外，有振動聲音的振動也會引出聽覺不敏或失去聽覺者的心臟振動，藉之而具有特殊性之感官的聲象功用。

第三節　身體的行為表達

壹　身體的行為意義

　　在人際的互動活動中，身體的行為表達也是人際溝通的另一種目的。這方面的身體行為亦可視之為語言或非語言的溝通行為之一種方式。在人際溝通的過程上，參與溝通的每一個人際個體常常採用語言或非語言的身體行為代表他心中的感受、看法和回應。這種身體行為表達也是人際溝通的諸多目的中的一種目的。

　　身體的行為，指的是人身的行為動作。包括用口嘴的發聲語言、感官的發出聲音、肢體語言、所引用的光線色彩和所引用的道具器物等的動作。

貳　身體的行為表達

　　身體的行為之所以表達，其目的是為了幫助人際之間的人際溝通。身體的行為表達之所以成為人際溝通的一種目的，是因為身體的行為表達是身體行為在人際溝通過程上，表達出人際個體的心念、想法和回應，算是人際溝通中的某階段性目的。達成了「表達」的任務，因此，可視之為一種目的。這個「身體的行為表達」就是身體行為所要表達的目的。因此，我們可視「身體的行為表達」是人際溝通中的一種目的。在人際溝通中的目的包括很多，身體的行為表達一方面是人際溝通過程上的一種功用，另一方面它也是人際溝通的另一種目的。

探索與討論

1. 身體的行為表達也是人際溝通的一種目的嗎？為什麼？

2. 何謂身體的行為表達呢？試舉例說明之。

3. 你認為身體的行為會表達出人際個體的心中想法和理念嗎？對人際溝通有何作用呢？

第四節　人際的建立與維持

壹　人際的建立

　　人際溝通最主要的目的在助益人際關係的建立。其次是幫助人際關係的維持。人際溝通對人際關係的建立、人際關係的改善以及人際關係的維持都有很大的幫助作用。在人際個體和人際個體之間，透過人際溝通，雙方都會在心靈上和行動上有互動，於是自然地建立人際關係。

　　在人際關係建立起來，經過了一段期間之後，可能會因為關係不協調、不如意或其他原因，人際關係因人際之間的諸多障礙及問題變成不良善或互相疏遠。因此不良善的人際關係也需要透過人際溝通，助使人際關係能改善起來。人際關係透過人際溝通也可以繼續維持良好的人際關係。

貳　人際的維持

　　人際關係的建立，取決於人際溝通的良好進展和結果。人際溝通中有一些是比較單純和簡易，所需用的時間也比較少；另也有一些是比較複雜和困難，所需用的時間也比較多。人際溝通有一些也可能是一蹴可

成的，另也有一些是長期無解。人際溝通是否能順利進展，是否能獲得理想的成果，都與所要溝通的對象、事物內容、理想目的有直接和密切的關係。並不是所有的人際溝通都能有效或達成。有很多的人際溝通雖歷經長久時間、用盡了很多人力和物力，仍然是懸而無解和徒勞無功的。這是因為有了特殊的因素所致成的。並不是人際關係的溝通不產生功效。例如台海兩岸的溝通便是一個典型的例子。一般說來，在人際社會活動中，有溝通比沒溝通好，有溝通多少總是有些成效。人際溝通的確地可以建立人際關係，改善人際關係，維持人際關係和圓融人際關係。

人際關係的建立與維持，必須有賴於良好的人際溝通以及人際之間人際溝通的達成。人際關係的建立與維持，當然地，是人際溝通的目的。

探索與討論

1. 人際的建立與維持也是人際溝通的目的嗎？請說出原因，並舉例說明。

2. 人際溝通對人際關係及其建立與維持有何關係？有何幫助呢？

第五節　人際的學習和訓練

人際溝通的過程上，人際個體會獲得知識、方法和技巧等的學習，也會有人際互動和溝通之策略和技巧的訓練。人際的學習和訓練也是人際溝通的目的。

壹　人際的學習

在人際溝通的諸多過程中，人際的相處與互動會互相提供知識和資訊，也會介紹方法和技巧，人際個體自然會有學習的機會而獲得有關的學習。因為透過人際溝通的機緣，人際個體可以學習與溝通有關的人、時、地、事、物等知識和資訊，藉之而瞭解人生事務和生活事物。楊慕慈教授說：「經由人際溝通可以協助我們更瞭解的人、事、物。二十一世紀資訊快速的發展與資訊，我們可以由媒體立即得知，亦可以自網際網路獲得資訊，但是我們必須經由討論或是與相關的人互動，才能將資訊的內容內化為自己的智慧或知識。」[38]

在人際溝通時，每一個人際個體，都有自我成長和自我學習。在人際互動上所有參與人際活動的人都在進行共同成長和共同學習。人與人互相回饋、互相傳遞、互相提供有關的知識、資訊和技術，人人自然地享有學習的環境和學習的內容。因為，人際溝通也提供了教育機會，也給與教育的課程內容，參與人際活動的每一個個人，當然地參與人際學習，也藉此而有人際成長、人際發展和人際成就，也因為學習的共同機會而形成人際結合(interpersonal conjunction)。

貳　人際的訓練

人際訓練是指語言、口才、非語言等溝通技巧的訓練，也是指與人際溝通內容有關的技術或技藝的訓練。前者是人際溝通的技巧訓練，而後者是人際溝通的知能訓練。

註38：楊慕慈(2002.5)，《人際關係與溝通》，P.10~15。

1. 人際溝通的技巧和訓練

語言、語文、文宣、資訊傳達技巧的訓練，包括語言、肢體語言的訓練及媒介道具、資訊儀器、語文機器和文宣機具等的操作技巧訓練、而後者人際溝通的知能訓練。

2. 人際溝通的知能訓練

知能包括：研究知識的能力、追求知識的能力、判斷知識的能力、吸收知識的能力以及歸納與演繹知識的能力。人際溝通的機緣可以提供以上的知能訓練。

在人際溝通的過程中，參與人際互動的所有人際個體自然地獲得人際學習和人際訓練。人際學習和人際訓練兩者是人際溝通的目的之一。

 探索與討論

1. 在人際的互動過程上，人際的個人隨時隨地在人際溝通的活動中，學習與訓練自己的溝通能力。你認同人際的學習與訓練會成為人際溝通的另一種目的嗎？

2. 何謂人際結合？人際的學習與訓練對人際的結合有助益嗎？為什麼？

第六節　社會人際生活樂趣

在人際的溝通活動中，除了溝通的過程和目的之外，在社會人際活動上，自然會產生生活樂趣。

人類是天生的社會性動物，也是具有理性的高等動物。人類以理智創造藝術及幸福，也在社會人際互動中產生生活的樂趣。藝術是人類的本能，幸福是人類的目的。生活樂趣是來自於人際活動中的藝術和幸福

的結合。社會人際生活樂趣包括很多，不勝枚舉，我們以精神生活樂趣和物質生活享受兩方面來論述。

壹　精神生活樂趣

人有心靈。人因有心靈而有所感受。精神生活樂趣，就是心靈在社會人際生活中有歡愉、有安心、有高興的感受。精神生活樂趣，在人際之間的順利溝通中，參與溝通的人際個體的心靈中自然產生。人際溝通在人際互動中，除了為了特定的目的（比如：人際協定、人際互利及人際合作等）之外，在休閒活動中也是一種目的。在休閒活動中，人與人常常運用人際溝通來增進彼此之間的生活樂趣。楊慕慈教授說：「人際溝通以愉悅為主要或唯一目標的就是休閒生活，休閒包括一切非正式的工作，如：娛樂、運動、下午茶、看電影…等。事實上，此一目的相當具有意義，因為生活在二十一世紀的今天，生活忙碌，工作壓力大，人與人之間關係日漸淡薄，如果可以經由休閒使自己清淨心靈，抒解壓力，並從而獲得休息，是一種享受。[39]」在群眾休閒活動中也有人際溝通的情況產生和存在。人際溝通可以達到休閒的目的。

貳　物質生活享受

人有物質體的身體，在人的生活樂趣中也必須有物質生活享受。人類生活中的食、衣、住、行等物質文明的需要是不可或缺的。在這些方面，除了需要還要享受。的確地物質生活的正當及充分的享受，會帶給人類各種樂趣。試想，如果一個在物質生活需要方面貧乏，或在物質生活品質方面很差，當然地他就會生活困難或生活不順暢，因而無法有生活上的歡愉和樂。俗云：「貧賤夫妻百事哀。」這是一個確切的生活苦

註39：同註 38，P.10~16。

難之寫照。在人際溝通中，亦常有人際之間的互相提供物質的生活享
受，互相分享物質文明的樂趣。

----- 探索與討論 -----

1. 人際的溝通過程上，也會有人際的生活樂趣產生。社會上的人際生活樂
   趣也可以視之為人際溝通的一種目的嗎？為什麼？請發表看法。

2. 請說明何謂精神生活樂趣？何謂物質生活享受？兩者之間有何關係呢？

例　說

　　在《易經》中，人道講求倫理修養與人心經營的「精神生活樂趣」，
而地道則講求科學利生與經濟惠民的「物質生活享受」。其旨意在於結合
精神生活與物質生活，目的在於造就人生的生命樂趣與生活享受。

PART 4

《綜論篇》

人際關係與人際溝通合用論

在綜論篇中，我們將以人際關係與人際溝通合用論為理論基礎，進而探討人際個體與人際關係的共存觀點以及人際發展與人際使命大同說。這個綜論，正引用儒學全球化及真儒大同說，來說明人類的大人際發展，應以世界大同為理想使命，以人類生命的永續傳承為生命意義及以人類生命的和平共存為生命目的。

在人際生活的諸多過程上，人際之間的關係建立、關係的持續，是人際合作的重要條件。若在人際關係的建立和持續上，能秉持真儒的仁愛理念與忠恕之道，則人際關係必能在「博愛之謂仁」的互敬、互信、互愛與互助之下，臻達融貫與和通。人類若真能有博愛之謂仁的人際關係，則人類和平與世界大同的理想使命必然能夠臻達而成就的。這正是真儒的忠恕之道，人人內有內聖的涵養，外有外王的互愛互助，《禮記》中禮運大同的理想社會當然也必能實現；對人類世界來說，世界大同也自然能夠實現的。

INTERPERSONAL 👥+
RELATIONSHIP AND
COMMUNICATION

第1章

人際關係與人際溝通合用論

　　在人群社會中，人際之間自然地會產生人際關係。而人際關係會因為人際活動的性質不同而形成正面有利的人際關係以及負面有害的人際關係。正面有利的人際關係，需要繼續營造進而維持良善的人際關係。負面有害的人際關係需要設法改善不良的人際關係。維持良善的人際關係以及改善不良的人際關係都需要運用人際溝通。其實，在人際社會中，人際個體與人際個體相處時，時時刻刻地在產生人際關係，也隨時隨地在作人際溝通。只是人際間的人際關係有良善與不良善的不同，人際間的溝通包括有成效和無成效之分野。我們之所以要研究、要學習「人際關係與溝通」這一門功課，目的就是要從積極面、就正面來研究和學習如何建立、維持和發展良好的人際關係；以及研究和學習如何進行、營造和獲得有效的人際溝通。

　　自然產生的人際關係與自然形成的人際溝通，任何人都有本能去應付與對待。但是，良善的人際關係以及有效的人際溝通是需要研究和學習的。

　　個人的生命幸福與團體的群眾福祉兩者都依賴著並繫之於良好的人際關係與有效的人際溝通。而人際關係是互為主從，互為表裡，互為體用及相輔相成的，而且兩者的合用可以成就個人的生命幸福及造就團體的生活福祉。我們就從人際個體與人際團體兩方面來論述人際關係與人際溝通的合用論。

 第一節　從人際個體論說

　　對一個人際個體來說，人一生的事業成就和生命幸福，除了要有豐富的知識、專業的研究、健康的身體和聰敏的腦智之外，還必須有良好的人際關係及良效的人際溝通。因為人類是具有理性及合群性的萬物之靈，社群的人際關係本然地存在，任何人都不可能離群而孤立，也不可能離群而索居。誰能把握住群眾的人際關係，誰就可以獲得社群的支援及社群的幫助，誰也就能自然地擁有人生的成功及事業的成就。想要獲得良好的人際關係，就必須靠用良效的人際溝通。要達成良效的人際溝通，則必須深具人際溝通的知識、能力和技巧。人際關係與人際溝通二者不可分，而是相輔相成的。兩者之中，何者為先？何者為後？是依實際情況而為先後。但是，在時間順序上，任何一者先產生，另一者如影隨形的緊跟在後。兩者結合之後，就形成互為因果的關係。人際關係的良善有助人際溝通的良效。良好的人際關係有利於良好的人際溝通。不具有良好的人際關係及良效的溝通能力，在職場上不得眾望，要有事業的成功及職業的成就都是不可能的；在生活上不得人緣，要有人生的樂趣和生命的幸福也都是不可能的。

探索與討論

1. 人際關係與人際溝通的合用，對人際個體的成長、生活及幸福有何助益呢？試舉例說明之。

2. 對人際個體的生命價值觀來說，人際關係和人際溝通的合用有何意義性的啟示呢？

第二節　從人際團體論說

　　對一個人際團體而論，人際的關係是團體是否能人際互動、人際結合和人際合作的關鍵。有良好的人際關係存在，人際團體才會因為有了人際互動、人際結合和人際合作而健全而發展。反之，若在一個人際團體中沒有良好的人際關係存在或不具有足夠的人際關係，則該人際團體一定是不健全、難有發展，甚至於該團體會因為沒有人際的良好互動、良善的人際結合及成效的人際合作而潰散、而消失。在社群中，因為人和人事時刻在變動，人際關係也因之而隨著變化，有質變也有量變。在人際團體中，人和人之間的人際關係會變化。某一個小團體和其他小團體之間的人際也會變化。人際關係退化了，良好的成分變少了，良好關係變成惡劣關係，人際溝通就得派上用場。要改善不理想的人際關係，就必須藉著人際溝通。人際溝通可以改善不良的人際關係，可以維持良好的人際關係，也可以建立圓融的人際關係。良好的人際關係在一個團體中也會促使人際溝通更順利和更具成效。人際關係和人際溝通的合用可以助使一個團體健全和發展。人群社會也因有良好的人際關係和有效的人際溝通的合用，在團體生活中才有福祉可同享。

探索與討論

1. 若能夠把人際關係和人際溝通兩個相配合使用來推動在人群社會中，對人際團體的發展和人群的共同福利有何效用性。

2. 在一個不健全的人際團體中，如何聯合運用人際關係與人際溝通呢？試舉例論述之。

第 2 章

人際個體與人際團體
共存觀

在人際社會中，人際團體來自於很多人際團體的結合與組成。很多人際團體的聚集而建構出一個團體。人際個體與人際團體二者是互相共存的。

人際關係的人際溝通的合用，不僅對人際個體的生存以及人際團體的存在有關鍵性的助益，而且對人際個體與人際團體的共存也有絕對性的效益。

第一節　就本然的觀點而言

有個人才有團體。當然，有團體也必須有個人。在人際活動中，人際個體依附人際團體而生存，人際團體靠著人際個體的整合而存在。在一個團體中的人際個體在數量上會有汰新、會有量變，在質量上會有變化，會有質變。一個團體經過了量變和質變，經由了汰新和變化，也會變成一個與舊團體不同的新團體。這就是人群社會的演進。一個社會團體在進化，存在於團體中的所有人際個體也隨之而進化。

以人際關係與人際溝通的合用，跟隨時代的日新月異，配合時代的生活需要，人際個體與人際團體的共同存在會更為密切，而且人際個體之間的接觸和相處會顯得更忙碌和更頻繁，並且人際團體也會更擴大和更繁雜。這些都是受到交通便利、媒體發達和資訊進展的影響。在人群團體的幫助及成全之下，人際個體會因人際關係和人際溝通的影響而隨著社會團體的巨輪往前邁進，包括精神性的思想與物質界的生活。一個人際個體的成就、創作或發明，也透過人際關係和運用人際溝通，而使

很多人際個體改變思想和生活。當然，由很多人際個體建構而成的社會團體在精神文化上和物質文明上也隨之而推陳出新、而變化而變新。這些都是本然性的存在與變化。

 探索與討論

1. 就人際關係和人際溝通的合用而言，對人際個體與人際團體的相依共存，有何意義性的啟示及功用？試舉例說明之。

2. 在人類的人際社會中，如何應用人際關係與人際溝通來連結來促進人際個體與人際團體的共存共榮呢？

第二節　就應用的觀點而言

在人際社會的發展上，我們要應用人際個體和人際團體共同存在的原理與現象，透過人際關係與人際溝通的合通，創造與增進人際團體的結合與合作，使人際團體的存在更堅固和更長久；造就與提升人際個體的生存更成長和更具意義及價值。

中庸云：「凡為天下國家有九經，曰：修身也，尊賢也，親親也，敬大臣也，體群臣也，子庶民也，來百工也，柔遠人也，懷諸侯也。」[1]以上中庸所啟示的治國治天下的九經，一方面在教導治國治天下的方法，另一方面也在教導如何建立人際關係，也在教導如何做人際溝通。從中庸的九經觀之，在各社會的各階層之間都有人際關係的存在，上下的溝通與合作，左右的溝通與配合，在時空環境的人際生活中，儒學九經的精神與適用是萬古常新。於當今民主時代，九經中的「敬大臣、子

註1：《中庸·第二十章》。

庶民、懷諸侯」三項可以根據儒學的思想原理及人本精神，可以用現代
社會的生活模式來做一番詮釋。敬大臣，為老闆者要敬重重要幹部，為
上司者要尊重其重要部屬。子庶民，為老闆者要愛護所有員工，為上司
者要愛護其所有部署。懷諸侯，在政治上，中央政府要支助地方政府；
在社會上，一個大團體要惠助團體中的每一個小團體；在公司裡，董事
長及董事會要利助每一位董事及投資人。其餘六經，對現今民主時代的
人際關係本然地著實適用，對人際溝通當然有實用的功效。

子曰：「為政以德，譬如北長，居其所而眾星拱之。」[2] 子曰：「上
好禮，則民莫不敬；上好義，則民莫敢不服；上好信，則民莫敢不用
情。」[3] 孔子所說的啟示，就在闡述上下的人際關係，也說明用德、
禮、義、信作為人際溝通和人際和諧的準則。

《四書》中的《大學》是一本人際管理的寶鑑，也是一本管理哲學
的好書。曾仕強教授說：「管理是修己安人的歷程，大學是儒家的管理
哲學。」[4] 修己安人的管理哲學，當然就人際關係及人際溝通的人際哲
學(interpersonal philosophy)。曾教授曾指示大學是具有系統的政治哲
學，他說：「特別是其中『格物、致知、誠意、正心、修身、齊家、治
國、平天下』那一段話，把一個人從內發揚到外，由一個人的內部做
起，推到平天下為止。像這樣精微開展的理論，是我們政治哲學中獨有
的寶貝。在當前地球村的浪潮中，我們更應該把它從根救起來，做為人
類共同的努力目標。」[5]

《孟子》一書中，有很多地方都在闡述有關人際關係和人際溝通的
啟示。例如：孟子曰：「尊賢使能，俊傑在位，則天下之士，皆悅而願

註2： 《四書‧論語‧為政篇》。
註3： 同註 2，〈子路篇〉。
註4： 曾仕強(2003.4)，《儒家管理哲學》手稿、前言。
註5： 同註 4。

立於其朝矣。」[6] 孟子曰:「道在邇而求之遠,事在易而求諸難。人人親其親,長其長,而天下平。」[7] 孟子曰:「居下位,而不獲於上,民不可得而治也。獲於上有道,不信於友,弗獲於上矣。信於友有道,事親弗悅,親弗於友矣。悅親有道,反身不誠,不悅於親矣。」[8] 孟子從於職場、社會和家庭的人際關係和人際溝通給與我們不少啟示。

以上,我們引用原儒哲學思想中有關社群中的人際關係作一番論述,如果把上述的儒學人際關係的有關資料加以分析和探討,人際溝通的方策和要領亦在其中。其實,原儒思想重視人本和人生,而且總是教導世人為人處世及做人做事的道理,並且直接地和間接地把人際關係與人際溝通加以合用,其目的就在濟人淑世和關懷天下民生。從儒學之哲學的啟示,我們可以瞭解儒學是具有人際個體與人際團體的共存思想。

探索與討論

1. 從中華道統文化中,原儒思想對人際個體及人際團體均十分重視,試從人際關係與人際溝通的合用舉例說明人際個體與人際團體的共存情形。

2. 就《四書》中的大學觀點和理念,如何運用人際關係與人際溝通的遫合來達成人際個體與人際團體的共同存在與共同發展。請論述之,並舉用大學中的章句作為論述基本觀點。

註6:《四書·孟子·公孫丑上篇》。
註7:《四書·孟子·離婁上篇》。
註8:《四書·孟子》。

第3章

人際發展與人際使命大同說

　　人際的發展透過人際關係和人際溝通的合用，而產生人際之間的互動、互助、互惠和互利，助使人際個人的成長和享受生命幸福，並促使人際團體進展和同享社會福祉。人際個人和人際團體的互相依附、互依共存和互享共榮，都是人際發展的理想目標。

第一節　人際使命

　　人際使命(interpersonal mission)就是運用人際關係和人際溝通的合用，為人際個體及人際團體創造生命幸福與生命福祉的人類使命(humankind mission)。

　　從人際使命所要達到的生命幸福和生命福祉而論，人際發展除了要有精神文化的陶冶與物質文明的供給之外，人際之間的情誼與和樂也是不可或缺的。人際情誼和人際和樂需要有良好的人際關係來維繫，也需要人際溝通來促成。

　　人際使命對人際個體和人際團體都是正面性的和助益的，包括精神文化和物質文明。人際使命是一種責任、一種關懷、也是一種期許。人際使命，論責任，是一個人或一個團體於生活所必須做的任務或對於人道慈善所願意做的任務。論關懷，是一個人或一個團體對於生活需求或人道慈善所作的關心和用心。至於人際使命的期許，是個人或團體對於人際生命幸福及生活福祉所作的期待和希望。人際使命的責任、關懷和期許，都需要透過人際關係的幫助及人際溝通的促成，才能做到，才能達成。

　　自古至今，現今尤甚，很多政客在政治上，透過人群盲目的支持，美其名為人民、為民主，卻在人際間做出違反人際使命的事，奴役了群眾的人心，勞役了群眾的人身，只在滿足其一己之私及造就與其有關的團體的私黨利益，而為加害社會民生與破壞人際個體與人際團體的生命幸福和社會福祉。這是人際病態(interpersonal abnormality)，也是社會人際癌(interpersonal cancer)。這種社會人際病態對人際使命是有禍害、對人際發展是有阻礙和迫害的。

　　運用及藉人際關係的結合和人際互動的功能，把正確的人際使命傳布於社會，覺醒社會人心，使民主素養落實在政治活動上，化弭人際之間的衝突，使少數深具野心的政客收斂其心思及規正其言行，逐次地形成社會人際的和解、人際和諧、人際統合和人際合作。

探索與討論

1. 何謂人際使命？人際使命對人際個人的生命幸福與對人際團體的生活福祉有何助益性和任務性？

2. 人類的精神文化與物質文明二者都會對人際使命有所幫助與增進，請舉例論述之。

第二節　大同福祉

　　有關人際關係與溝通這一門科目的研究及推展，在社會人群中是具有實際的意義和功效的。以人際個體而言，良好的人際關係和有效的人際溝通對個人的生活成就和生命價值，具有實質與有成效的幫助。對人際團體來說，良好的人際關係和有效的人際溝通，會促成人際和諧，人際結合和人際合作，進而造就人際社會的福祉。這些有關人際關係與溝

通的意義和功用，都已論述過。此處，我們要沿用儒學的大同思想來談論「人際使命與大同福祉」。

在數年前，近千禧年之際，在一次世界諾貝爾獎得主的聯誼會議上，所有諾貝爾獎學者有一個共識的結論：二十一世紀的人類想獲得世界和平並享有人類的福祉，要向東方世界的孔子請教，要學習儒家思想。可見，儒家的大同思想是多麼被重視。當今，這個時代，可以說是真儒復興的時代。方東美博士引用漢代儒者揚雄的說法「通天地人曰儒」，他說：「雖然真正的儒應該是『通天地人，曰儒』，但有許多人無法通天地人，他的精神只貫注於此世，成了俗儒，如漢儒之類；又有許多雅儒，如《莊子·天下篇》所稱之『鄒魯之士、搢紳先生』，他講禮樂以及文化傳統。然而真正的儒是大儒。何謂大儒？像〈乾·文言〉所云『夫大人者，與天地合其德，與日月合其明，與四時合其序，與鬼神合其吉凶，先天而天弗為，後天而奉天時』。」[9] 一位真儒是通達了天道、人道和地道的。天道是講天性靈明。人道是講人生幸福。地道是講地象經濟。真儒是一位具有宇宙觀和世界觀的大儒。儒家重視人道生活及人道倫理。王陽明先生啟示天道的天性靈明。《孟子》一書中對地道的地利與經濟多所闡述。孟子曾說：「以善服人者，未有能服人者也。以善養人，然後能服天下。」[10] 孟子的意思是光靠善行去服人尚不夠，要服天下要以德行去養人育人。在人生中，精神文化和物質文明要相同地重視。

既然講「大同福祉」，我們就引述〈禮運大同篇〉：

「大道之行也，天下為公，選賢與能，講信修睦。故人不獨親其親，不獨子其子；使老有所終、壯有所用、幼有所長，矜寡孤獨廢疾者皆有所養。男有分，女有歸。貨，惡其棄於地也，不必藏於己；力、惡其不出於身也，不必為己。是故，謀閉而不興，盜竊亂賊而不作，故外戶而不閉，是謂大同。」

註9： 方東美(1985.11)，《原始儒家道家哲學》，P.45，台北市：黎明文化公司。

註10：《四書·孟子·離婁篇下》。

從〈禮運大同篇〉的全文，我們發現，大同世界的社會人際關係是圓融，是至為良善的；在文章中處處的述說都在作人際溝通，教導的道理就是人際溝通的知識和方法。全篇的禮運大同思想，充滿著人際關係與人際溝通的合用，其理想目標就是世界大同(the great harmony of the world)，其理想目的就是人類社會的大同福祉(the beatitude of the great harmony)。在人際社會發展上，人際使命之至高者即在臻達世界大同的目標及創造人類社會的大同福祉。

探索與討論

1. 何謂大同福祉(the beatitude of the great harmony)？〈禮運大同篇〉中，人際個人的生活福祉是什麼？人際團體的生活福祉又有哪些？

2. 人際關係的良善與人際溝通的良效，二者循環與連續聯合運用，有助於促進〈禮運大同篇〉的理想世界實現嗎？為何道理？請申論之。

3. 綜合言之，你對人際關係與人際溝通這一門知行合一的科目和課程有何見解和心得？

結 論

在資訊科技的時代裡，人際活動更為頻繁。但是，人際之間的關係卻缺乏良善。人際之間，不幸的事一再發生。從社會的人際活動觀察，人際之間的溝通被忽視。很多人際個體在言行表現，都太直接了當，缺乏思慮。在人與人的相處及互動，因為雙方的互相瞭解不夠，加以言行表現缺少思慮及缺乏耐心，於是，人際之間的溝通常出現不順與滯礙不通，使人際關係不能建出良好的情況。社會的紛亂、家庭的不幸以及職

場上的人事失和等人際問題到處叢生。這些因人際缺乏溝通及人際不良善的關係，使社會人生充滿著不安寧及焦慮。人際的麻煩問題層出不窮。顯然地，社會越新穎，物質文明越進步，人類的幸福卻日益倒退。社會生病了、人群染病了、人與人之間的情誼淡化了、人與人之間關懷疏化了。因此，在教育的推展過程上，「人際關係與溝通」是迫在眉睫的要務，也是必須積極推動的重要課程。「人際關係與溝通」在課程上雖不是專業課程，但其對人生幸福的影響性和重要性卻不亞於專業課程，甚至有超越的實際情況。因此，不論在產官學等社會各界，有志之士孜孜於推動「人際關係與溝通」的研究與演講，藉之改善人際間不良的關係與提示如何做好人際溝通。

方東美博士在其《生生之德》一書中說：「理智既孳，心神益曠，人類胸臆，靜攝萬象，動合乾坤，於是乎思理有致，思理勝而性靈之華爛然矣。抒情則出之以美趣，賦物則批之幽香，言事則造之以奇境，寄情則宅之以妙機。宇宙，心之鑑也，生命，情之府也，鑑能照映，在貴藏收，託心身於宇宙，寓美感於人生，猗歟盛哉。」方博士對「生命情調與美感」的啟示，真正地讓我們體會到心胸寬闊、見地超然，凡事要淡然觀之及泰然處之，則在人際的活動過程上，任何事都可溝通，也都可以協調。自然地，人與人之間的相處與互動都會欣然地舒暢起來，良好的人際關係也隨之而形成、而發展。

曾仕強教授在他的著作《人類的光明未來》中說：「新人類的特徵，在具備新觀念。可惜的是很多人都認為：自己已經有了許多新觀念，所以新人類的首要工作，在破除這種自以為是的障礙，然後才談得上建立新觀念。」的確，在這一個日新月異、高度科技發展及高度物質文明的時代，人類要破除「忽視人際關係與溝通的觀念」，要把這一種妨礙人際協調、人際結合以及人際合作的觀念加以改變，合理地把「人際關係與溝通」的研究和訓練注入社會各階層的人際活動中，如此地發展下去，在社會上各個角落上，人際的和諧和人際的幸福也就自然有

之。曾教授也在「圓融的溝通」一書中啟示我們：「現代重視溝通，一切措施都有待溝通，而且步調快速，必須及時達成預期目標，以爭取時效。所以看完了這些道理之後，唯一要做的，就是立即付諸實行！」真確地，在今日人際問題叢生的時代中，人際溝通要重視、要推展、要提倡，對人際的社會生活，職場環境和各種人生機制的活動才能順暢和圓融。如此，人類的生活福祉及生命的價值，才能達到「禮運大同篇」的理想境界。

現今是一個儒學全球化的大時代，在世界各地紛紛設立孔子學院，全球的儒學正方興未艾的發展。儒學講求人主思想、人道博愛及世界大同。

在原始儒學的思想中，早就有「與萬民大同」及「與萬物太和」的理念存在。在中華道統文化的續承續流中，世界大同的理想永恆是「人道論」中的極善目標。儒家思想和孔子學說在現今而後，方興未艾地全球化，兩者的最高博愛理想即是世界大同。

世界指的是人類與萬物共同存在的時空環境，當然世界的觀念包括了地球上的人類及地球的萬有生物和萬彙存在物。世界大同就是府天地、包萬物的重要儒學觀念。世界大同的理念來自於原儒思想的「仁」。世界大同就是仁的博愛思想的知與行。唐朝儒賢韓越所說「博愛之謂仁」亦是對大同思想的啟示觀念。

儒學的人道論，對人類來說，其目標就是世界大同；對個人而言，其目標即是生命幸福。在大同世界的生活中，人類才真正地可享有理想的生命幸福。大同社會是以「仁」為基礎、為中心的理想社會。世界大同的人類社會正是至善至美的理想社會。儒學的全球化，亦是孔孟聖道萬國遍、真儒復興大同年的大時代使命，也是今後人類的應運大趨勢。人類為了免於災難、免於戰禍，儒學的大同理念及方策永恆是需要的。人類的和平及幸福當然必須建立在世界大同的理想生活之上。

附　錄　Appendix

《演講及論文研究》

- 生命教育與生命管理〈南榮科技大學演講稿〉
- 親職教育—父母親是孩子成長的護育工程師—家庭中的良好人際關係之一〈台南市政府兒福中心演講稿〉
- 原儒道統與易學現代化之會通研究：A Comprehensive Study of the Succession of Original Juism And the Modernization of I-Ching〈2016 第五屆中華易學現代化學術研討會論文〉
- 《易經》天人合德之幸福哲學：Beatitude Philosophy of the Unity of Heaven and Man in I-Ching〈2016 天帝教天人實學學術研討會論文〉

生命教育與生命管理

【南榮科技大學演講稿】
Life Education and Life Management
興國管理學院學輔中心主任　黃培鈺　博士

一、前　言

　　生命是生物的基本要件，凡生物都具有生命。人為萬物之靈，人的生命就是萬類生物中最靈長，最可貴的。

　　生物的存在是由生命加上生物體的機制(Mechanism)所形成的。生命與生物體結合而形成一個完整的生命體。因此，生命就是生物的原理、基本要素，也是生物之所以成為生物的關鍵。生命對生物的存而言，是最具價值性與尊貴性。

　　今天我們所探討的題目「生命教育與生活管理」，是以「人」為中心為主題。

　　一個人的存在是精神體的靈性和物質體的肉身所形成的完整生命機制。生命就是人的中心體，生存在世的人，都具有生命。反之，不具生命存在的人是不存在的。這就是活人與死人的分別所在。具有生命存在的人是活人，就是人。不具生命存在的人，是死人。死人已失去人的存在本質及價值。死人不是人。

　　可見，生命是吾人存在的基本要素，生命是使人之所以成為人的關鍵性價值。生命的重要性是必然性的(necessary)。生命對於一個人的存在有絕對的重要性。

　　有生命就有希望(Where there is life, there is hope.)。留得青山在，不怕沒柴燒。人具有生命，生活是有希望，有遠景的。

　　既來之，則安之。人既被命定來世間當人，人就應負起當人的責任，人就應當要正確地享受人生，好好地度過一生。人的生命是具有真、善、美的三大屬性。生命是真、善、美三元合一的尊貴機制，具有尊嚴性及可貴性。

　　天命之謂真。人的存在，是天命的賦與，是自然而然，是天賦的。人的存是，是一個真實。

　　責任之謂善。人能負起責任，就能行善。人要負起人之所以成為人的責任。這就是人應盡其心力行責任之善。

　　充實之謂美。任何人都具有最基本的充實之美。美就是完整性的存在。任何人的最基本的充實之美，就是由其精神體的靈性與物質體的肉身所構成的完整性(Integration)。

　　人要常保天命之真，活過一個真實的人生。人要常行責任之善，負起一個責任的人生。人要常享充實之善，擁有一個充實的人生。

　　人的生命所具有的真、善、美所結構而成的完整性(Integrity)，是自然而有的，是天賦的，是不該破壞的，是不應被剝奪的。這就是人的生命之尊嚴性(Dignity)。

　　人的生命所享有的真、善、美之完整性，是一個真實人所擁有的天賦價值性(Natural Value)，是不該被毀棄的，是不應被疏忽的。這就是人的生命之可貴性(Preciousness)。

二、何謂生命教育

　　從亙古以來，有人類就有生命教育。人類為了生存，不斷地學習，從野蠻到文明，從原始到進化，由於人類擁有心靈的作用，教育與人類的生存活動互相跟隨。

什麼叫做生命教育呢？至今，尚沒有一個固定的定義。也就是說諸多學者對生命教育的說法不一，尚未有一個共識的詮釋。但是所有的生命教育研究者都是以人類的生命延續和生命的發展做為生命教育的議題。生命教育就是與人類生命活動有關的所有教育。凡與人類生命有關的身心教育都包括在生命教育的範疇之中。

1. 生命教育的起源

自古以來，有人類就有生命教育。只是往昔沒有生命教育(Life Education)這個名稱，而且有關生命教育的內容不甚清楚也缺乏具體。在西元一九七九年，關懷生命的學者及社會人士在澳洲雪梨成立「生命教育中心」(Life Education Center)，其成立宗旨乃致力於「藥物濫用，暴力與愛滋病」之防制。這就是由於毒品的氾濫，人對別人的暴力侵犯或對自己的自我傷害或自殺，以及性氾濫所引起的愛滋病。近年來，青少年們包括國高中學生及大專校院學生，以上問題的發生甚為頻常且時有所聞。教育部非常重視這些有關生命威脅的問題，於民國八十九年二月正式宣布成立「學校生命教育推動委員會」，並訂定民國九十年為生命教育年。這就是我國生命教育的具體起源。

2. 生命教育的意義

生命教育的意義可從生命教育的涵義與生命教育的重要性兩方面探討之。

(1) 生命教育的涵義：凡有關生命的價值、發展、福祉和目的等的教育，都歸屬在生命教育範疇之中。下一個論題「生命教育的課題」都包含在這一個涵義之中。

(2) 生命教育的重要性：生物有生命才能成為生命物。人有了生命才能成為人。生命對人的存在是絕對的重要。人以心靈的存在而成為萬物之靈。教育人的心靈，使人有正確的知識，教人有正當的行為，導人有幸福的人生。為了肯定人的生命之價值、發展、福祉、目的等，生命教育對人及其人生是極其重要的。

3. 生命教育的課題

　　原則上，生命教育包括所有有關生命的教育。生命教育的課題，泛言之，包括人生的一切。此處，我們選擇幾個對人的生命教育比較有影響性的課題，簡要述之。

(1) 生命哲學(Life Philosophy)

　　哲學是科學之母，哲學是研究萬物的原理、變化及現象的學問。生命哲學就在研究人的生命原理、生命變化以及生命現象的學問。

(2) 生命科學(Life Science)

　　這裡所謂的科學是指著自然科學。科學教導我們利用觀察、研究、實驗、實證及歸納來探討宇宙萬物。生命科學是以科學理論及科學方法來研究生命、生命的發展、生命的維護以及生命的延續。現今很受重視的生物科技及生化科技均包括在生命科學的範疇之中。

(3) 生命美學(Life Aesthetics)

　　美學是美感之學。美學 Aesthetics 是西元一七五〇年德國哲學家 Alexander Baumgarten（包姆加登）所創用的名詞。Aesthetics 這個字來自於希臘字 aisthesis（感官知覺）。包括自然美與藝術家的研究學問。生命美學就是透過心靈及感官的美學對人的生命提供和諧、平衡、喜悅、欣然的生活教育。

(4) 心靈教育(Mind Education)

　　心靈教育就是精神性的教育(Spiritual Education)。人的心靈會主宰人的思想及行為。人的心靈具有實現價值的活動。人的心靈也是感性生命的根源。正確及合適的心靈教育可導引人產生正確合理的思想，並導使人的行為及活動趨向理性、積極和正當的。

(5) 宗教教育(Religion Education)

端正的宗教都是勸人為善、濟人淑世的。宗教可使人心有所寄託、有所安心、有所歸宿。宗教的教化可淨化人心，善化人行，而且對人的心靈及生命有指歸。宗教對生命的價值、發展與目的有正面的助益。

(6) 道德教育(Ethics Education)

道德學(Ethics)是研究及指導道德倫理的價值、規律、標準及規範等，導使人能更具良心及德性行為。道德教育使人的生命能更有價值面、積極面、幸福面及光明面。道德教育可幫助生命教育正確地選擇生命價值的取向及生活意義的目標。

(7) 死亡教育(Death Education)

人有出生，終究會有死亡。這是自然的，天經地義的現象。死亡教育教導吾人要正確地認識死亡及面對死亡，除了教導我們要珍惜生命、善用生命之外，更超然地教導我們要以平常心，安詳心來面對他人（包括家人、親戚、朋友等）的死亡以及自己未來的死亡。

三、何謂生命管理

1. 生命管理的理論

生命既是人生的基本原理，又是人生的基本要件，而且善用生命可以造就人生的價值和目的，除了我們要善加經營生命之外，我們更要對我們的生命用心管理。我們要把生命及生命的發展當做事業而加以經營管理。生命猶如事業所必具備的資本，生命的發展猶如事業的開發和進展。

2. 生命管理的實踐

生命管理的理論要付諸實踐，才能把生命及生命發展的人生事業辦好。

(1) 要確認生命的可貴性－確實地認識自我生命的可貴性，我們自然會珍惜、會愛護我們的生命。

(2) 要充實生命的心理建設－國父孫中山先生曾說「國者人之積，人者心之器。」人心是人身的主宰，人身行為來自於人心的指使。可見，心理建設在生命的管理事業上具有成敗關鍵的重要性。

(3) 要以自我生命為中心善作人生規劃。有未來就有希望，對未來善作規劃，便能逐步地實現願望，所有的希望也能逐一達成。

(4) 要以自我為中心善加利用周遭的人、時、地、事、物。人除了經營管理自我之外，還要把與自己有關聯的人、時、地、事、物好好地運用。

3. 生命管理的基本條件

(1) 自我意識－要有自我意識(Self-Consciousness)，首先要意識到自我生命及自我人生的存在；其次要有自我的反醒意識；最後要有整合的意識，使自我的精神與物肉身相結合而享有「人的完整性」(human integration)。

(2) 良師益友－近朱者赤，近墨者黑。有良師，便可就有道而正焉。良師就兼具經師及人師的生命導師。經師是學有專長、經驗豐富的學識導師。人師就是身心修養精湛，能教人向善、助人成功的生活導師。益友就是真實的好友。孔子說：「益者三友，友直、友諒、友多聞。」

(3) 優質環境－要善選優質的環境，人的生命發展才有良好的品質，人生也因之而能趨吉避凶，生活因之幸福，事業因之成功。孟母三遷就是善選優質環境的一個範例。我們一方面要善選優質環境，另一方面要創造優質環境。環境包括自然環境及人為環境。人為環境，影響生命的發展至鉅。因此，家庭教育，學校教育及社會教育對人生具有關鍵性的影響。尤其優質應從家庭教育開始。

(4) 生活資糧－在生命管理的過程上，必須具備兩種生活資糧：a.精
神資糧及 b.物質資糧

　　a.精神資糧屬於精神文化的範圍，這是精神方面的享受及福祉
　　　(Beatitude)。

　　b.物質資糧屬於物質文明的範圍，這是物質方面的需要及充實。

　　生活資糧其實就是食、衣、住、行、育、樂六方面的資糧。

四、結論：生命教育與生命管理之連結

　　良好又正確的生命教育，可使人的生命價值表現出來，可使人的生命發展獲得正的取向，可使人的生活品質提升，以及可使人生造就成功。

　　確實又有效的生命管理，可使生命教育的良好方策既實際又有效地實踐出來。為了生命教育的良好發展及成果，我們要致力於生命管理之規劃及實踐。把人的一生當作一個大事業，好好地加以經營管理。有了實際、有效的生命管理，生命教育的理想和目的也就自然會達成的。

 **親職教育**

父母親是孩子成長護育的工程師

家庭中的良好人際關係之一【台南市政府兒福中心演講】
興國管理學院學輔中心主任　黃培鈺　博士

前　言

　　親職教育是幫助孩子成長的偉大工程，父母親就是工程師。

　　親職教育是父母培養和幫助孩子成長的天職，也是教導和撫育孩子長大成人的責任。養育孩子的天職責任是一件既大且久的工程。父母親就是籌劃和建設這個偉大工程的工程師。父母親所充當、所挑擔的工程師，是負責保護和養育孩子的幸福工程。我們自然地稱呼父母親為孩子成長的護育工程師。

一、親職教育的理念與意義

（一）親職教育的理念：懷之、生之、養之、育之、教之、樂之。

　　從親職教育的理念而言，父母親天經地義地對孩子應當要：懷之、生之、養之、育之、教之、樂之。

1. **懷之**：為人父母者，結髮婚合而結珠胎。為人父者，高興而心懷有孩子之望、身當懷預孩子之備；為人母者，喜悅而心懷有孩子之樂、身善懷有孩子之孕。父母親以將有孩子而更懷享天倫之樂。

2. **生之**：父母劬勞，經過了十個月的懷胎，瓜熟蒂落，孩子出生了。在母體懷孕的十個月期間，父母親應當重視胎教，母親要重視身體健康、重視飲食、注意身行安全，以利平安生產，生出個身心健康的孩子。

3. **養之**：孩子出生後，父母親開始以奶水、營養品等餵養之。繼之而後，餵之養之，以至於孩子長大成人。

4. **育之**：對孩子，除了餵養之外，還要撫育、培育。照顧孩子，要以愛心關照孩子、撫育孩子，遇有寒暑變化、身心不安、傳染病疾等，父母親當然要用心善育之。

5. **教之**：孩子是必須教導、教訓的。在孩子的成長過程中，先要教之導之，使孩子能言行舉止端正、做事正確有效。若遇孩子有過錯，亦要適當教之、訓之，使孩子能改過遷善。對孩子的發問或遇孩子不懂事物，父母親也應當教之示之，幫助孩子能解決疑問並增進知識、增長見聞。

6. **樂之**：孩子是可愛的，父母親常有與孩子相伴相處而享天倫之樂。的確地，父母親陪孩子成長和與孩子相處，要樂以養之、樂以育之、樂以教之、樂以樂之、樂以成長之及樂以相處之。

（二）親職教育的意義：1.親職教育的涵義。2.親職教育的重要性。

1. 親職教育的涵義

親職教育的涵義有二：其一是「父母親在護育孩子的所有過程中所應學習及所受的教育，亦是學習如何做好親子教育的教育」；其二是「父母親負起職責的教育」。因此，親職教育的涵義包含了「父母親職責的教育」及「親子教育的教育」。

2. 親職教育的重要性

父母親接受了正確良好的親職教育，當然就擁有親子教育的豐富知識和經驗，也自然地有助於做好親子教育。因此，為人父母者應當接受「親職教育」的教育和訓練。親職教育在培養和教育孩子的「親子教育」諸多過程中，是十分重要的，是不可或缺的。

二、天下父母心與天倫之樂

在人類文化的正常進展中，天下無不親愛自己孩子的父母。這就是所謂的「天下父母心」。這也就是基本人性的光明面。我們從以下兩點來略作說明：

1. 人類天性的正常發展

人類靠著傳宗接代來延續人類的生命，也靠著慈愛及保護後代子孫的天性，一方面作血脈傳承的展延工作，另一方面作家族群居的生活。前者是人類天性在生命繁衍的正常發展，而後者是人類天性在天倫之樂的正常發展。

2. 人類天性的家園和樂

人類本來就自然地、正常地享有以家庭為中心、以家族為基礎的天倫之樂。正因如此，人類也就能順理成章、天經地義地享有「人類天性的家園和樂」。

三、親職教育方法與技巧的研究

既然親職教育是如此地重要，我們就必須學習研究親職教育的方法和親職教育的技巧。這一方面的篇幅甚為廣泛，內容至為繁多。我們先且後如下二項略述之：

1. 從生命成長階段探討之

從吾人之生以至於生命結束，可依年齡而分為：襁褓時期、嬰孩時期、兒童時期、少年時期、青少年時期、青年時期、成年時期、壯年時期、中年人時期、中老年人時期、老年人時期、高齡時期、人瑞時期。從人的生命成長階段來說，以上的前七個時期就是我們所要討論的範圍。

在孩子成長的這七個階段中，護育孩子都應當研究方法和技巧，除了愛之、養之、育之、教之和樂之而外，更要以耐心和關心來照顧及開導孩子，溝通的途徑和教導的方法是必要的。

2. 從生活環境狀況探討之

為人父母者宜提供給孩子良好的生活環境，包括家居環境、成長環境和學習環境。對這些環境的選擇及提供，父母親也應當方法上及技巧上去研究，並且要接受教育和訓練。

四、親職教育的知識再充實

為人父母親者或多或少都有護育孩子的知識和經驗。但是，孩子在成長的過程上，所面臨的問題和困境是層出不窮的。因此，父母親在親職教育的知識當然也要再加充實。我們可以從以下幾個管道獲得更多及更有效的知識和經驗，進而把護育孩子的工作做好。諸如：1.研究管道，2.學習途徑，3.經驗分享，4.資訊見聞，5.自我體會。

五、父母愛和孩子心的融合

親職教育是父母親為了做好護育孩子所接受的職責教育，也是親子教育的訓練和學習。親職教育和親子教育都是指導父母親把父母愛和孩子心融合在一起的天職教育。在家庭中，有父母愛和孩子心的融合，才能表現出和悅幸福的天倫之樂。

結 論

孩子的常態成長與未來主人翁的幸福人生

一分努力，一分收穫。胡適之先生說：「要怎麼收穫，先要怎麼栽。」孩子是父母親的命根子，也是父母親未來的希望。父母親學好了、也善盡了親職教育，自然地也就把親子教育的工作給做得美善。在這種情況之下，孩子一定會有常態的成長，孩子也會在成長的過程中，奠定出既良好又正確的人生觀，也因此學習了端正的言行和善良的生活習慣，未來的人生是光明的、幸福的。總之，孩子的常態成長助使未來主人翁的孩子享有幸福的人生。

原儒道統與易學現代化之會通研究

A Comprehensive Study of the Succession of Original Juism
And the Modernization of I-Ching

2016 第五屆中華易學現代化學術研討會
弘光科技大學通識教育學院主辦
國際會議廳 2016.10.2.
黃培鈺博士　Huang, Pei-Yuh Ph. D
夏威夷國際高等學院哲學文化講座教授
(International Hawaii Advanced Institute at Hilo, Lectures Professor)

論文摘要

　　原儒，其意義有二：中華道統文化中之原始儒學與原儒學者。原儒之學起始於上古聖王伏羲，歷經神農、黃帝、五帝，而集成於孔孟二聖。儒字之結構從人從需，即人之需也，人所需者以宇宙言之乃天道、人道與地道；以人生論之乃天性、人心與地身。《易經》之學亦始乎聖王伏羲，大行於上古及中古之聖王與聖哲。吾人亦可言之，易學可謂為儒學之根始。道統，乃中華文化中歷代聖王與聖哲傳道之統緒。道統之說起乎春秋文子所云：「古者三皇，得道之統，立於中央，神與化遊，以撫四方。」原儒道統即上古及中古之聖王與聖哲，上真悟天道、中善行人道、下美治地道，代代傳承大道之統緒。易學現代化，乃以萬古常新之原理原則，經由易學之研究與應用，以天道之天理與天力、人道之倫理與人力以及地道物糧與地力，孜孜於溫故知新而文化創意、而品物創作。本拙文旨在研究造福人類生活之現代化與幸福化。

關鍵詞：原儒、道統、天道、人道、地道、文化創意、幸福化。

Abstract

Yuan-Ju(Original Juism) has two significances, Original Ju Learning in the culture of Sino-Tao-Succession and the scholars of Original Ju Learning. The learning of Original Juism was originated in the very ancient time sage king Fu-Xi, passed thru king Seng-Nong, Emperor Huang Ti, Five-Kings and synthesized by Confucius and Mencius. The structure of the character Ju is composed of 人 person and 需 necessity. The meaning of Ju 儒 is human necessities. In the point of universe , human necessities Include Heavenly Tao, HumanTao and Earthly Tao. In the point of humanism, human necessities Include heavenly nature, human mind and material body. The learning of I-Ching was also started by sage king Fu-Xi and was greatly developed by the sage kings and sages. The contents of I-Ching and Juism. We may say that I-Ching learning is the root of Juism. Tao Succession is that thru which sage kings and sages propagate the Tao. It is that Win-tze began to talked about Tao Succession. He said that in the ancient time, the the kings obtained Tao Succession and occupied the central seat of the state , respected and followed the decree of God, ruled well the state. In the very ancient and the middle ancient time , obtained Tao Succession and realized well Heavenly Tao, behaved well Human Tao and cultivated well Earthly Tao. They transmitted the succession of the Great Tao from generation to generation. The modernization of I-Ching learning thru which we apply the permanent principles to study I-Ching and apply the heavenly principle and power, the human ethics and abilities , and earthly principles and energy , to on focus cultural creativity and to creat new product. The purpose of this study is to the modernize and promote human welfare and beatitude.

壹 前　言

　　儒，從人從需，人之需也。原儒乃原本真儒，亦即吾人存在於世之根本需要也。以易學而言，原儒之道即天道、人道與地道三極一貫之道。以人生而論，原儒之道乃天性、人心和地身三要合一之道。原儒道學以「人」為中心，以「人生」為儒學之中心主題。原儒道統則以「人」與「人生」為課題之傳道統緒，自古而來，代代傳承之文化資源。其內容，簡而言之，即天人地三才。自亙古以降，上而遵依上天明命、中而修為自身、下而教民安民之大成者，世人敬之為原儒道統上之聖人，諸如：伏羲聖帝、神農聖帝、軒轅黃帝、堯帝、舜帝、周文王、周武王、周公、孔子、孟子等是。

　　原儒道統，起始於天皇伏羲聖帝。伏羲氏上悟上天大道原理且弘揚之，始作八卦以教民，以利民生、以利民行。地皇神農聖帝悟知天道天理，研發地道物理，創作機具以利農務、以養民生，復以嚐百草研製中藥而治病健身，造福萬民。人皇軒轅黃帝以天道天理、人道倫理與地道物理而教民、治民、養民及福民。此為原儒道統歷史上古聖先王之啟始也。

　　原儒道學包括天道道學、人道道學及地道道學。亦即《易經》三極之道學也。三極者，三項人生之基本需求也。在中華文化上，原儒道統之代代傳承亦自然形成天道文化、人道文化與地道文化。天道文化研究與闡述天理及天性靈明。人道文化研究與闡揚倫理及人心教化。地道文化研究與運用物理及地身生活。原儒，簡而言之，就是原真的儒學，亦是以人生生命幸福為理想目標之原儒道學。其範疇包括三皇五帝而到孔孟二位聖人之教民與福民等諸多領域。儒學之聖人和賢人皆為原儒的成就者。原儒聖人乃天下第一等人，而賢人則次之。聖人即造就內聖外王之原儒大人。而賢人亦具有儒學卓越成就，其人格價值僅次於聖人。聖人乃原儒道統的傳承者，而賢人則是有助於道統之弘揚與傳承，但未居

一代祖師之位。賢人之成就可觀具有其時代的宗師之位格。諸如三皇、五帝及孔孟二聖皆為真儒聖人，孔子之七十二弟子則為原儒賢人。原儒聖賢皆克能以天人地三極之道成就於教民與福民。

原儒天理即理界之真理。在原儒理念中，在氣界中之道者即「轉化」也。轉化就是握持有造化之能量且足以轉變善化。於氣數變化中，原；儒能生化出轉化之能量，並以能量而轉變及造化。故，在宇宙萬物之變化過程中，皆有轉化之能量。於萬有中，沒有能量，則不可能有變化。而且，在氣界中，道就是具有能量的「轉化」。在原儒道學裡，道理在現象界中就是「現實」，現實就是存在現象界的真實，猶如信中有物、物質的現實存在。在象天的範疇中，物質的存在是在某一時空交會點的現實表現，是受到時空所拘囿、所約制，物質的象天真理就是吾人的眼、耳、鼻、舌、身、意六根所能感知、所能知見的現實存在。

以《易經》之道論之，萬有事物皆由理、數、象三元合一所構造而成；世人皆由性（靈）、心、身所結合而存在於世。易道包括易理、易數、易象，對宇宙萬有而言，在時空宇宙中，包容有天道、人道及地道；對事物來說，萬物物皆具有理、數、象三元素；對人類言，人類都持有天性性理、人心心數及地身身象三要素。

於《易經》之道易理、易數與易象三級存在中，理乃為形式原理，數即是變化氣數，象則為時空現象。於世人生活存在上，理數象亦存在於人類之存在生活中。世人以人之心數領會而察知「變化」之生命過程，以天性之智慧而悟知「原理」之存有，且以身象成為時空之存在而體驗現象界之存在。以本體論誏之，易道是永恆之本然存有，乃無遠弗屆之自然存有。易道之學所研究之理、數、象是本然的存有，亦即永恆之存有。可知，易道乃超乎且包括易道人為事有事物之自然存有。

以人類世界而論，世人所創作之事物，當先有創作之理念，而創作理念即是所創造事物之「易理」。創造事物之所有過程乃是氣數變化之

「易數」。於是乎，人為創作所完成之諸多事物即成為事物之「易象」。吾人之創作事物即是理數象合一的現象界事物。於人類生活中，有人為理數象合一之時空成果，人生事務才有成「事」而生活器物即有成「物」。人合成理數象而創作事與物，人生事物於是形成而存在。

　　《易經》之道，足可指導與啟發世人致力於事物之創作。人類生命諸多過程中，生活文明之文化與文物皆以易道之體用而研發與創造，於易學現代化之研究上，在人類所創造之事物的諸多過程中，心智理念就是「理」，依理念所創作出之事物乃是「象」也。而從創作理念一直到品物創作，其間之諸多過程即是「心數作用」與「物數轉化」。「數」即氣數變化，包括所需用到的人、時、地、事、物各種條件之變化。可知，有理、有數，而理數合一才有新事物產生之「象」。

　　世人於新事物之創造與產出，必有賴於易學創意之「理念」、易學數用之「研發」及理數合一之「現象品物」。任何一事物的創作產出都必須有該事物的理、數、象而三元合一。此可謂為易道指導世人生活之體用成果。可知，在吾人易學現代化上，易道可永恆指導與啟發生命文化與生活文明。

　　從以上緒論，《原儒道統與易學現代化之會通研究》，乃為有意義與可受肯定之課題，此則亦彰顯出原儒道統與《易經》之價值皆為「無遠弗屆」也。

貳　儒之意義

　　古來對「儒」之研究，儒之意義有數種說法，簡述如下：

一、儒：世人之需要

　　儒字結構從「人」從「需」，意謂人類生存之所需及生活之需求。「人」存在之基本需要即天性、人心和地身。天性即是使人成為萬物之

需之「靈性」。通天地人曰儒[1]。德合三才謂之儒[2]。儒字由人和需所結合而成，其意義可解說為人的需求、人生的需要。在吾人的一生中，任何人都需要具有性（天性）、心（人心）身（地身）三個必須的要件。性心身在今日通俗說法，猶言是靈、心、身。在原儒道學中，天皇伏羲聖帝研發天道；地皇神農聖帝除了天道之外，又研發地道；人皇軒轅黃帝則纘繼伏羲與神農而研發天道、地道和人道，集天地人三才之道之大成而善立出原儒道統。鴻古的三皇就是原儒道統的三位創始聖王。三位聖王均以「博愛之謂仁」為哲理基礎，而創造出天人地三極之道。原儒的道學理念在天道上闡發「天道之真」；在地道上研發「地道之美」；在人道上教化「人道之善」。在吾人生活中，天道之真就是講述天性本然之真、地道之美就在解說地道物質之美、人道之善在於講求人心倫理之善。儒之至高成就乃在於集成天道之真、人道之善與地道之美而臻達「聖」。聖儒即真儒大人也。本人曾有淺見：

「孔子儒學所認為的聖人是具有成己成人、成己成物的生命管理之成就。聖人大德敦化、博施濟眾、聖人會通上天大道，明白天道的玄理之妙用，一則以道修己，以道管理自己的生命，一則以道教人、以道幫助世人管理他自己的生命，聖人以道而修己安人，聖人獲得最高生命管理之成就，效法道的萬古常新、永言配命，因而使自己具有最良善的生命管理，也能夠教導世人獲致良善的生命管理。聖人有至善生命管理的方策與成就，因而成為世人生命管理的楷模，永遠受到天下人的尊敬和崇拜。」[3]

註[1] 揚雄，《法言・君子儒》。
註[2] 李二曲，《二曲集・盩厔答問》。
註[3] 黃培鈺，《孔子人道論的生命觀》，台南市：浩興出版社，2007.11.18.，頁129～130。

二、儒：儒學

　　儒學之真正實學就是真儒之學。儒學乃古聖先王及孔孟二聖等之知行實學。古來學者泰皆以孔孟之學為儒學。漢唐而後，儒學流末而失去原儒道學之本真，凡俗儒者各就研究、各抒己見，流乎支離散放，已失去了古聖先王及孔孟二聖之原本儒學。自然地自孔孟而後，真儒的聖人不再出現，只有少數的儒賢尚能繼續延綿儒家命脈。

三、儒：學儒有成之儒者

　　真儒另具有兩種意義：以原儒道統天地人三才之真儒道學及（二）以內聖外王而達成三才功德之聖人（亦云大人）與賢人。自亙古以來，古聖先王及孔孟二聖等道統上的儒道聖人皆是真儒、都是大儒。孔孟大道是由孔孟二聖道繼亙古的古聖先王，而集儒學之大成。孔孟而後，歷代以來，凡於儒道之學有實際之成就者皆可謂之儒。

四、儒：師儒、師保

　　儒者即師儒，亦即師保，以道安人、以德服人，教人學行禮樂，以得安樂。儒師正是唐代儒賢韓越在《師說》所提示之「師者，所以傳道、授業、解惑也」之人師。真正的儒是善能己立立人、已達達人，修己立己之後，才能教人、助人而做到君子成之美。

　　韋正通教授曾引饒宗頤的《釋儒》而提及：從文字訓詁學上論儒的意義；「今綜合(1)論語所謂『君子安人安百姓』；(2)師儒即師保，保即以道安人者；(3)儒之言柔，即安人能服人，各點觀之，意義正事互相融貫。由上列的論證看來，無可否認的，『儒』訓『柔』，它的意義並非柔落迂緩，而是『安』，是『和』。但怎樣才可以達到安和的境界呢？在儒家特別提出禮樂二者，因為『樂者天地之和，禮者天地之序』。」[4]

註[4]　韋政通，《中國哲學辭典》，台北市：水牛出版社，1994.3.20，頁 744。

參 原儒道統

一、道統觀念之由來

道統二字最早由春秋時代的文子所提出。文子，乃老子之弟子，與孔子同時，著有《文子》一書。[5] 文子說：

> 「古者三王[6]，得道之統，立于中央，神與化遊，以撫四方。」[7]

太古之時，唐堯、虞舜及夏禹三位聖王得有上天明命，得掌道統，正位居體、居天下萬民之正中大位，他們的功德造化與天神合一而化遊四方，以天道治國、安撫四方萬民、造福百姓。這是堯、舜、禹三代傳中之道統。古聖先王及師儒孔孟代代傳承道統。張特生教授對道統有所說法：

> 「儒家所謂道統，是指歷代聖人傳授和繼承下來的思想體系和傳統，這個相互傳授和繼承的關係，就是道統。」[8]

二、原儒道統之意義

原儒道統，亦即以天人地三才及內聖外王的大道傳承統緒。源溯於中華道統三聖伏羲聖帝、神農聖帝及軒轅黃帝、少昊、顓頊、帝嚳、帝堯、帝舜、夏禹王、商湯王、周文王、周武王、周公與孔孟二聖一脈相傳，所謂前聖後聖其揆一也之原儒傳承道統。

註[5]　文子，人名及書名。《漢書藝文誌》注稱文子乃老子之弟子，與孔子同時。
註[6]　三王，即堯舜禹三位古聖先王。
註[7]　文子，《文子》。
註[8]　張特生，《中國思想家二三·韓越》，頁24。

（一）原儒道統中之聖人道統

　　自亙古之初、鴻古以來的道統，啟肇於三皇五帝。三皇就是天皇、地皇和人皇。三皇之說有來自於古老的傳說及有文章信史可引述的說法。因而有關三皇的說法不一。本論文中所採用有關三皇之說法，乃根據《易經‧繫辭下傳》、孔安國的〈尚書序〉[9]。晉朝皇甫謐[10]、宋司馬光等的說法，而以伏羲、神農及黃帝為三皇。於天皇伏羲、地皇神農及人皇黃帝之後，道統乃由五帝：少昊、顓頊、帝嚳、帝堯、帝舜代代傳承且纘續之。

　　原儒道統之思想體系後由孔子集其大成。孔子纘繼三皇五帝等古聖先王之原儒思想，並使之理想化與系統化，致使儒家思想成為中華道統文化之主流。孟子受教於子思，於孔子百餘年之後遙接孔子儒學道統。孔孟二聖所弘揚與傳承之儒家道統，一方面有道繼古聖先王、效法與追求古聖先王的理想化，另一方面有闡發研究合一的系統，使儒學具有精湛周延的學術體系。於是原儒道統文化即成為儒學理想的化身與儒家的真常之道。韋政通教授說：

> 「儒家的道統觀念，開始於孔子的『古帝理想化』。所謂古帝理想化，就是孔子把古代的帝王，套進儒學的框架，使古代的帝王都成為儒道的實踐者，作為推行儒道時宣揚的根據。這個觀念到孟子手中，已經成型。我們比較《論語》、《孟子》二書，可以很清楚看出道統觀念在最初的演進。」[11]

　　原儒學統傳到孟子，孟子仍成為聖者。孟子而後，儒學雖有成就者，是可稱敬之為儒賢，但再也無聖人繼起。孔子之後，原儒修行精湛者有之。但是成聖者則甚為稀少。於孔子與孟子的時代之間，有復聖顏

註[9]　皇甫謐，《帝王世紀》。
註[10]　司馬光，《資治通鑑》。
註[11]　韋政通，《先秦七大哲學家》，台北市：水牛出版社，1991.6.20，頁 45。

回、宗聖曾參及述聖子思。原儒道統，在先聖與後聖之間代代相傳承的統緒，就是聖人道統。聖人道統是自上古聖神、三皇、五帝、禹、湯、文、武、周公、孔子、顏子、曾子、子思、孟子代代傳承之原儒聖道統緒。

（二）原儒道統中之賢人道統

太史公司馬遷在〈孔子世家〉中有云：「孔子以詩書禮教教弟子，蓋三千焉。身通六藝者，七十有二人。」這七十二人就是世稱七十二賢人。漢唐以後迄今，尚未有聖人出，原儒道統雖代代有相傳，但却未再有儒道傳承聖人出。研習原儒而造就儒賢者，各朝代皆有之。此乃所謂原儒道統中之賢人道統。

肆 原儒道統之現代化

原儒道統之現代化，在此以嶄新現代化之「文化創意」闡述之：

一、天道與文化創意

天道是宇宙的根源，是萬有的原理。地道和人道都來源於天道，亦因依天道而生發變化。天道在「氣數能源」上是宇宙萬有能量氣力的總源；在「形上原理」上，是宇宙萬有的本原一理。天道是自有自在、本有本存。地道和人道依存於天道，却因落乎時空而不能永恆常在。

天道文化把天道視為宇宙的天理，也把天道視為人身的天性。天道文化把天道視為宇宙萬有的根源及主宰，也把天道視為萬物生發變化的總能量及原動力。舉凡所有有關上天、天道、天理、易理及天性等的研發與論作皆隸屬於天道文化的範疇之中。

凡以吾人的天性靈明而對「天道」的體悟和創作，皆是天道之文化創意。天人關係及天人合一也都屬於天道文化之文化創意。

二、人道與文化創意

　　人道乃以「人」為中心之生命生活，亦即人生之道。人道就是指人類生命活動與生活事物之總合，亦即人類生活之總稱。人道上承天道，下啟地道。在原儒道統文化上，有「通天地人曰儒」之思想系統，人道就是人類的生活之道。人道文化就是人類生活之道的一切表現，其涵義包括精神性與物質體的生活，舉凡食、衣、住、行、育、樂等項目皆屬於人道文化的內容。人道文化的文化創意具有兩大研發方向：精神文化和物質文明，也包含食、衣、住、行、育、樂等軟實力及硬實力的創作與發明。方東美教授對人道有所述說：

　　「所謂人道，《中庸》在『唯天下至誠，為能盡其性；能盡其性，則能盡人之性；能盡人之性，則能盡物之性；能盡物之性，則可以贊天地之化育；可以贊天地之化育，則可以與天地參矣。』這段話說得很清楚，這段話是根據周易而來的。在《周易》中，乾道自乾卦說起是乾元，坤道自坤卦說起是坤元，乾元坤元是所謂的『宇宙符號』。乾元是大生之德，代表一種創造的生命精神貫注宇宙之一切；坤元是廣生之德，代表地面上之生命衝動。孕育支持一切生命的活動；合而言之就是一種『廣大悉備的生命精神』，這就是儒家之所本。」[12]

　　文化創意是人類的本能。人類以精神性的心靈軟實力結合物質體的身體硬實力，自然就有文化創意能力來創作發明。人道文化的一切內容都是人類文化創意的表現成果。文化創意的名詞雖在現代才出現，但文化創意的理念和作為卻在最早人類伊始就有了。從亙古以來，文化創意在每個時代、在世界各地都時刻在進行著。尤其，新時代電腦科技的發展及生活需求的多元化，人類數位化的文化發展已經是日新月異，文化項目亦隨之而創新與廣多，於是文化創意的提倡與推展已邁入萬家爭鳴

註[12]　方東美，《原始儒家道家哲學》，台北市：黎明文化公司，1985.11.，頁 27~28。

與全球化。真儒的精神是萬古常新的，其文化價值是萬古常青的；其文化創意的方式是溫故而知新、是適應而創新的；其意義就在強調儒學的文化創意是要符合與充實人類的生活需求，並繼往開來地創作出人道文化。

三、地道與文化創意

　　原儒地道，可引用科學及經濟而做文化創意的理念研究與文化創意產業的研發與創作。文化創意在地道文化的研發與創作的諸多過程上，以文化品物之創造發明做為地道科學的重點和目的，致力於開發自然、利用自然、維護自然、環保自然，運作物質資源所產生的熱、光、聲、電等能量和能源，進而增進物質文明及品物發明，並提升生活品質、提高生活水準，且助使經濟富足與民生樂利。

　　在原儒地道文化的發展與形成的過程中，先有了軟實力的文化創意研發，付之於物質現象界，就有了硬實力的文化創意的創作與製造。從理念性的研發，一直到實物性的創作，文化創意創造與產出現代化品物。

伍 《易經》三極之道

　　易卦之五爻、六爻象微天道，三爻、四爻象微人道，五爻、六爻象微地道，此即《易經》三極之道。《易經・繫辭上傳》曰：「夫易聖人所以崇德而廣業也，知崇禮卑，崇效天、卑法地，天地設位，而易行乎其中矣。」[13]

註[13]　《易經・繫辭上傳・第七章》。

　　《易經‧繫辭下傳》曰：「易之為書也，廣大悉備，有天道焉、有人道焉、有地道焉。兼三才而兩之，故六，六者，非它也，三才之道也。」[14]

　　根據《易經‧繫辭》之說法，《易經》這一部書，包羅萬象，無所不備，盡括天道（宇宙萬物的原理大則）、人道（人間社會的道德生活倫理規範）、地道（凡物質界的萬物時空之內存在景象）。《易經》以天人地為三才（宇宙的三大要素），首先以三爻象徵天人地，在每一才中又以陽（先天）及陰（後天）的交互作用而闡述道理，於是三爻就成六爻，以初爻、二爻象徵地道，以三爻、四爻象徵人道，以五爻、上爻象徵天道。這六爻就是象徵著天人地三才之道。此與原儒道統之中，諸多聖賢與研究與傳揚之天道、人道和地道實則相同也。

　　道創生宇宙卻超然於宇宙之先之外。「天道」為宇宙萬物之原理，流行於時空之內卻不受時空所拘限。天道運而無所積，故萬物成。天道創造宇宙而流行於宇宙中，適時空而促使萬物成、萬象生。廣義的「地道」：包括一切物質現象界，包括天體運行中的七政（日、月、金、木、水、火、土）及萬殊星球，凡稍有物質現象及性質者，皆包括在地道的範圍內。狹義的「地道」，指地球上的所有物質現象，包括光、聲、電、氣、土石、礦物、植物、動物、人類等皆隸屬於地球的萬物萬象之內。「人道」，指著凡有關人類生活的一切包括性（靈性）、心（人心）、身（肉身）三大要素的合一生活。廣義的「人道」是指著人類生活；狹義的「人道」是指著人類社會的倫理綱常及道德規範。

註[14]　《易經‧繫辭下傳‧第十章》。

陸 易學現代化

溯自伏羲起，古來歷代《易經》聖賢皆關心萬民生活而研易而演易，於是在《易經》的流傳諸過程中，都有《易經》的應用而形成《易經》生活文化。《易經》的文化傳承當然有其歷史淵源與發展。　三皇文化以天道、地道和人道研發並弘揚中華道統文化，奠立出以「尊天法祖」、「內聖外王」及「仁民愛物」的中華原儒道統之大根基，而後，五帝、禹、湯、文、武、周公等聖王，以及孔孟聖人的道繼傳承，使天地人三元合一的文化永續不息。

易學乃博古通今與萬古常新之實學，以時代應運而言，當可有合乎文化創之現代化。對今後之未來而論，《易經》是未來學(Futurology)，易學當可指導吾人鑑古知今，而創造未來之文化與文明。

易學可指示及啟發我們依據人類的生活需求，運用吾人的天賦創造力，可以產生文化創意的軟實力以及創作文化創意產業的硬實力，使人類在時代巨輪邁向未來的時代上，永續不斷地創作新文化和新文物。《易經》之學的確是可使人類享有生命幸福的未來學。

於天道，《易經》的基本原理是「天道之理」，亦即天理，亦可說是大自然的絕對真理。對人、時、地、事、物而言，萬殊萬物都分享著一本的天理而各具有本質之理。於人道，人類要以誠心而循依天理，因而在時空環境中就能以事理而處事、以物理而應物，在人群活動中以倫理而相處與互助。於地道世人應當要在時空環境生活中，以「科學利生、經濟惠民」而開發與利用地道。應用地道，致發於文化創意的研發，現代化創意品物的設計、創作以及現代創意產業之經營與管理。《易經》地道現代化內容，包括所有優質生活上，現象界事務與事物之研發與創作。

柒　結　論

　　原儒道統具有萬古常新之哲理，當然具有現代化之價值與功用。如前所論，《易經》之道足以指導世人致力於事物之創作。在人類生命諸多過程中，生活文明之文化與文物皆以易道之體用而研發與創造，可永恆於指導與啟發世人之三命活動與生活文化。易學現代化當然恆能與時空相齊俱。易學現代化，於人生活動諸多過程中，其價值與功用乃為無遠弗屆。以價值與功用而論，原儒道統與易學現代化之會通研究，是既可行且具有其意義。

　　自鴻古而來，具有內聖與外王大成就的先古聖王研究易學以利世福民、教民養民，於是先古聖王皆有理數成象的開物成務，也都能以通天下之志、以定天下之業、以斷天下之疑而惠澤天下萬民。先古聖王有以易學之理數象研究與創見，秉用天賦之創造力，而發明創作出民眾生活所需之現象品物。這就是易學創意的理數成象之品物創作，亦是易學現代化之研發、創作經濟品物，用以利濟天下與造福天下萬民。

　　易道在宇宙是天道天理，在人類是人道倫理，在現象是地道物理。天理、倫理與物理三乃吾人生活所需之原理。易學中包括了天道、人道和地道，這三個層次在中華道統文化上，是三元合一、三才一貫的。在君子修行天道上求真，在人道上求善，在地道上求美。在天道上，修行君子，求聞天道天理，研求歸根復命[15]，使人性復歸天性，教使人能達到天視自我民視、天聽自我民聽[16] 的天人合一境界，這正是儒學的「天性之真」。在人道上，修行君子要以天道為原理，以天理為法則而修心養性，使人能聰明睿知，助使人心「心數成善」。在地道上，君子要科學利生、經濟惠民，在人生歷程上能開物成務、利用厚生，使民生得獲有正當的生活享受、使生存環境得有清淨優美，這就是地道生活的「地

註15　老子，《道德經》第十六章：「夫物芸芸，各復歸其根。歸根曰靜，是謂復命，復命曰常。」

註16　《孟子・萬章上》，《太誓》曰：「天視自我民視，天聽自我民聽。」

身享美」。可知，易道乃包括天道之真、人道之善與地道之美。此與原儒之理想集真善美成聖乃為相同。以世人之理想生活而言，原儒道統與易學在現代化上，實具有其永恆價值和意義。

總而言之，於原儒道統與易學現代化之會通研究諸多過程中，吾人當致力於探討並盼能在天道上獲得天性與天性靈明，在人道上獲得平安與生命幸福，在地道上獲得經濟與健康長壽。此亦即原儒道統與易學兩相取向現代化之理想目標。

參考文獻

1. 文子，《文子》。

2. 文子，人名及書名。《漢書藝文誌》注稱文子乃老子之弟子。

3. 方東美，《原始儒家道家哲學》，台北市：黎明文化公司，1985.11.。

4. 老子，《道德經》第十六章。

5. 李二曲，《二曲集‧鰲屋答問》。

6. 司馬光，《資治通鑑》。

7. 《孟子‧萬章上》。

8. 《易經‧繫辭上傳》。

9. 《易經‧繫辭下傳》。

10. 皇甫謐，《帝王世紀》。

11. 韋政通，《先秦七大哲學家》，台北市：水牛出版社。

12. 韋政通，《中國哲學辭典》，台北市：水牛出版社。

13. 張特生，《中國思想家二三‧韓越》，頁 24。

14. 揚雄，《法言‧君子儒》。

15. 黃培鈺，《孔子人道論的生命觀》，台南市：浩興出版社。

《易經》天人合德之幸福哲學

Beatitude Philosophy of the Unity of Heaven and Man in I-Ching

2016 天帝教天人實學學術研討會
2016.12.17.主題演講論文
黃培鈺博士 Huang, Pei-Yuh Ph. D.
夏威夷國際高等學院哲學文化講座教授
(International Hawaii Advanced Institute at Hilo, Lectures Professor)

摘 要

生命是人生的主體、生活是生命的表現、幸福是生命的目的。人生是人的生命在時空環境中的一切活動表現。幸福即世人生活之理想目的。於人生諸多過程中，生命幸福乃真善美三元合一所集成的最高希望。幸福哲學立論在生命價值與生活意義之上。依易學哲理論之，對世人而言，幸福就是世人集天性靈明、心數善修、身象美行三元合一的生命好理想。依易學內容論之，幸福就是集天道之真、人道之善與地道之美三成一貫之生命大成就。《易經》指導世人如何運用時與位而臻達天人合德之生命好理想與大成就。此論文將以《易經》三義之學與三極之道，論述天人合德之幸福哲學，經由五個命題：一、天性靈明。二、心數善修。三、身象美行。四、生命之完整性及五、生命價值與生命幸福。靈、心、身三元合一的生命完整性是幸福哲學之其本理念。而且生命的完整性人人都有。因此人人皆可獲得生命價值和生命幸福。

關鍵詞：易道三極、易之三義、生命幸福、天性靈明、心數善修、身象美行、生命完整性。

Keywords：three ultimates of I-Tao, three doctrines of I-Ching, life beatitude, wisdom of heavenly nature, good cultivation of mind changes, beautiful doings of bodily phenomena, integrity of life.

Abstract

Life is the essential part of human person, human livelihood is the expression of life, and beatitude is the purpose of human life. Livelihood is the all display activities of human life in time-space surroundings. Beatitude is the ideal purpose of human life. In all processes of human life, highest hope which is synthesized through the trinity of truth, goodness and beauty. Beatitude philosophy is expounded on human value and significance. In the light of I-Ching theories, for human beings, beatitude is the good life ideal which synthesizes the trinity of the wisdom of heavenly nature,the good cultivation of mind changes,the beautiful doings of bodily phenomena, Mentioning about the contents of I-Ching Learning, beatitude synthesizes the great achievements through the consistency of three successes , the truth of Heavenly Tao, the goodness of Human Tao and the beauty of Earthly Tao. I-Ching instructs human beings to apply timr and space to achieve the unity of Heaven an dMan, and to obtain human good ideal and great achievements. This thesis will apply I-Ching's learning of 3 doctrines and the Tao of 3 ultimates to discuss the beatitude philosophy of the unity of Heaven and Man through the 5 statements:(1) wisdom of heavenly nature,(2)good cultivation of mind changes, (3)beautiful doings of bodily phenomena,(4) integrity of life and (5)life value and life beatitude. The integrity of life of the trinity of human soul, human mind and human body, is the basic idea of beatitude philosophy. Furthermore, every person has the integrity of life. Therefore, everyone can obtain life value and life beatitude.

壹　前　言

　　《易經》一書乃於中華道統文化中的最古老經典，也是中華民族自亙古以來，從今而後成就生命事業的哲理寶書，亦是中華道統文化上代代聖賢的傳承寶，更是世人在行功立德及內聖外王之龜鑒。研究《易經》諸多賢輩而把《易經》運用在地理、風水、命相、卜卦、醫術、病理等山醫命卜相五術方面。《易經》亦可教示我們統整及融貫靈心身、亦是教導吾人如何成就人生的方法。以《易經》而研究山、醫、命、卜、相而惠益人生，當有其意義和價值。以上的各種成就都是「充實之謂美」的生命成果。《易經》實可說是人類生活美學的指鍼。而在我們靈心身的的生命統貫上，《易經》更可彰顯出極高的意義和價值。故易有三極之說。易道有三極之道：天人地三才之道。通天地人曰儒，易學有天人地三才之道，即天道、人道、地道的儒學三道，亦是性（天性）、人（人心）、地（地身）的。《易經》之道在吾人研究與實踐天地人三才的成就上，實具其會通融貫之價值與意義，並真具有功效性的指導策略。《易經》實可謂為指導世人生命幸福之哲學寶典。

　　《易經》起始於圖騰，而集成結晶在文化。於宇宙論，《易經》是集成並融貫理、數、象三元合一的萬有哲學；於人道論，《易經》合貫且會通性、心、身三要一體的幸福哲學。《易經》哲學在人道上，可謂之為「幸福哲學」。

　　《易經》之道，在指導世人立於宇宙之中，合理且有效於運用與管理「時」與「位」。時乃時間，位即空間。易學在時間上，以天序為原理，在人生禮數上講求順序（次序）；在空間上以天和為準則在人生和諧上講求秩序（調序）。易學以順序及秩序而從事生命之管理。《易經》之學在世人生命事業上，謀求理數象三元合一之經濟成就，實為至為美善的生命管理哲學。

　　《易經》亦是未來學，易學指導吾人鑑古知今，以今之知而創新未來。在時間之過去、現在和未來的數線上，指示及啟發世人依照人類之生活需求，運用世人之天賦創造力，克能產生文化創意的軟實力以及創作文化創意產業的硬實力，使人類在時代纘續諸多過程上，永續不斷地創作新文化和新文物。《易經》之學的確是助使享有未來的生命幸福哲學。

貳 《易經》天人合德之探討

　　天人合德，亦即天人合一。天人合德，於道統國學中是為天人合際之哲理，且永成為中華文化中之傳統道學。天人合一之思想乃為儒學之一大基本信念。天就是上天，亦即詩經中所謂之明明上天。人指的是世人。天人合德或天人合一，可從以下幾個觀點來論述。

一、以凡人而言

　　世人之天性來自上天。中庸首章云：「天命之謂性。」就世人天性之由來其存有，天性存於人身之中，世人本來就具有天人合一的存在。以人身之構成而論，於吾人之存在上，人由精神體的天性與物質體的肉身所結合而成。人之天性來自上天，人之肉身來自於父母，人之存在本來就是一個天人合一的存在體。

二、以聖人而言

　　聖人之德：聖人之大功德峻極於天。原儒聖王、聖人利益天下、造福萬民，其功德浩大與上天齊一，此乃聖人昊德之天人合德，其境界已臻達天人合一。孔子說：「大哉堯之為君也，巍巍乎，唯天為大，唯堯則之。」[17]《周易》云：「大人者與天地合其德。」[18]

註[17]　《論語‧泰伯篇》。
註[18]　《周易‧繫辭傳》。

三、就聖人之心言之

聖人大仁博愛，以天心為心，聖人之心與上天之心同而合一。以大仁博愛之絕對慈善心，聖人與上天合德而成就天人合一。

參　幸福的理念

幸福是人人所希求、所願望的。但在實際的生活過程中，充實而美滿的幸福，從人生之始以至於人生之終，要全然獲得幸福是不可能的。幸福是要有幸福的享受感覺，也要有幸福的昇華理念。

於世人之生活諸多過程中，若要真得幹福，必賴之於上天祐助。有上天之祐助，則自然可得生命之幸福。《易經・繫辭》有云：

「自天祐之，吉無不利。」

若想得上天祐助，須依照孟子之銘訓「得道者多助」，得天道而修而行，則以真誠而得天助、以誠信而得人助。世人若能常得天助人助，幸福則自然有之。孔子說：

「祐者助也，天之所助者順也，人之所助者信也。覆順思乎順，又以尚賢也。是以，自天祐之，吉無不利也。」[19]

古聖周文王，上而敬依天命、尊事上帝，下而以德行真誠信敬待與造福天下萬民，承受天下人之敬服，四方諸侯皆師歸之。此乃周王王以尊天與愛民、以效天法天而大德敦化、而得有天人合德之功德、而臻達天合一之修養，因而享有生命之大幸福。詩經有云：

「維此文王，小心翼翼，昭事上帝，聿懷多福，厥德不回，以受方國。」[20]

註[19]　《周易・繫辭上傳・第十二章》。
註[20]　《詩經・大雅・大明章》。

世人真要能師法上天，慈善與造福群眾，則可得生命幸福。古代有道明君，與天合德，慈愛天下萬民，關懷萬民有如小心翼翼照護病人一般，於是能克紹箕裘、纘承祖先德行，造福世人，也使自己能享有真幸福。古聖先王內有明明內聖的道德修養，外有明明德於天下的外王濟世功德，自然能得上天之祐助、得萬民之助，幸福當然在其中。周公說：

> 「天亦稚用勤毖我民，若有疾；予曷敢不于前寧人攸受休畢。」[21]

世人要效法天地之大德，能順天、適地與應人，則能得天之助、得地之利，能信人及信於人而與人互助互利，人生自然有成有樂，有成有樂則自然能享得幸福。

肆 真善美的幸福

《易經》三極之道，包括天道、人道和地道。世人若能得有天道之真、人道之善和地道之美，則必可享得真善美的幸福。論述如下：

一、誠得天道之真

（一）天道的意義

聖人是誠得天道之真的楷模，聖人以至誠之修行而得上天大道，效法天道而與上天合一。世人若能以誠而修行天道，則可始乎君子，進階於賢，終究臻達聖人。《中庸》云：

> 「誠者，天之道也；誠之者人之道也。誠者，不勉而中，不思而得，從容中道，聖人也。」[22]

註[21] 《書經‧周書‧大誥》。
註[22] 《中庸‧第二十章》。

　　天道就是原道，即是原本自然自有的天道。原道就是原本自生、自有、自在之道，亦即絕對自然的原天之道。原道即是孔子所說的原本無為、自成自明的天道。孔子說：

　　　　「無為而物成，是天道也；己成而明是天道也。」[23]

《淮南子》對「原道」有云：

　　　　「原，本也，本道根真。包裹天地，以歷萬物，故曰原道。」[24]

　　張特生教授在其著作《中國歷史思想家二三》一書中曾引韓越先生之〈原道〉說及：

　　　　「韓越在〈原道〉一文裡，明白指出他所說的『道』並不是老子和佛家的『道』，而是堯傳給舜，舜傳禹，禹傳給湯，湯傳給文王、武王和周公，文武周公傳給孔子，孔子傳給孟軻的道。」[25]

　　韓越先生所指的原道就是古聖先王和孔孟二聖所傳承的中華道統文化中的上天大道。這個天道當然是道統上，聖王和聖人們所欽敬、所尊崇的上天之道。

（二）天道之真

　　「真」於時間是永恆，於空間是無限、是無遠弗屆。天道之真，是永恆且無止境的真道，是包括時空萬有卻超然於時空萬有。天道之真乃天理之真，亦即真理之真。本人對天理曾有所說及：

註[23]　《小戴禮記・哀公問》。

註[24]　《淮南子・原道篇》。

註[25]　張特生，《中國歷史思想家二三・韓越》，台北市：台灣商務印書館，1987.8.，頁24。

「天道就是天理，是宇宙萬蚏焙共同依循的一本天理，就
是永恆的真理。」[26]

（三）誠得天道之真的幸福

以誠心而得天道之真的人，能依天道而修而行，當然可享得幸福。
依天道而修行的人便是君子，更有成就即是賢人，而最高成就者則是聖
人。聖人是享有生命最高幸福的人，其次是賢人，再其次是君子。聖人
是至高的幸福人。本人曾說：

「至誠的聖人，與天道同一體，臻達合一的究竟境地，參
天朧之化育，與萬民大同、與萬物大同，造就天人地三才一貫
之道的大成功者、至高的幸福人。」[27]

二、真修人道之善

（一）人道的意義

人道，概而言之，就是人的生活。以生活規範論之，人道就是人生
的法則、人倫的規矩、人事的理則。《禮記》云：

「上治祖禰尊尊也，下治子孫，親親也，旁治昆弟，合族
以食，序以昭穆，別以禮義，人道竭矣。」[28]

清代儒者戴震對人道有是說：「人道，人倫日用，身之所行皆是
也。」[29]

註[26]　黃培鈺，《幸福之來源》，台南市：浩興出版社，1992.6.6.，頁 96。

註[27]　同上，頁 99。

註[28]　《禮記‧大傳篇》。

註[29]　戴東原，《孟子字義疏證‧道》。

　　人道當然是人間生活的事，人道是人類生活的內容。人道是以人為中心的一切生活活動。就人類社會生活言之，人道就是人間社會的倫理綱常、人倫日用的常理，亦即人類社會的倫理道德。

　　本人曾對人道有所說明：「廣義來說，人道包括凡有關人類生活的一切內容狹義來說，人道就是人類社會的道德理念及倫理綱常。」[30]

（二）人道之善

　　善，概言之，就是好。人道之善，就是把人道的事做好。要把人道做好，則必須要在人道上善盡責任。人有責任，才能有擔當。人有擔當，才能把人道的事做好。善，嚴格來說，很難有標準。某事物對一人來說是善，但同一件事物對另一人而言不一定是善。古希臘哲學家蘇格拉底曾說：「一個人的肉，是另一個人的毒。(One man's meat is another's poison.)」　吾人或可言之：責任之謂善。對任何人或任何事物來說，只要能負起應有的功用責任，都可認之為善。本人曾說：

> 「責任之謂善，負起責任就是行善。對人而言，凡有責任
> 感而能負起責任的人，必須為自己、也為有緣相聚生活的眾人
> 而著想，必會依道而言行，必會謹言慎行，必會為自己的『幸
> 福』及公眾的『福祉』而行規矩行事中節。」[31]

（三）真修人道之善的幸福

　　世人若能真實修行人道之善，當可享有生命享福。依照《易經》三極之道的哲理，善修人道是天人地三才合一的幸福哲學，於天道講求天道天理與天性，於人道講求人道倫理與人心，於地道則講求地道物理與地身。修道之人，應上遵依天命天理、中行為人生倫理，而下利用地象物理。修道的三天目標：

註[30]　黃培鈺，《道學經論》，台南市：浩興出版社，1990.10.10.，頁 99.。
註[31]　黃培鈺，《幸福之來源》，頁 100。

(1) 於天道，修得天性與天性靈明；(2)於人道，修得平安與生命幸
福；(3)於地道，修得經濟與健康長壽。以修得上述三大目標的程
度，而來斷定一個人所享得幸福的高低與多寡。其中，以成道的
聖人所享有的幸福是至高至大。本人在三十年前所寫的拙著《儒
道理學》中曾提及：

> 「凡人的人道只是凡夫俗子的生活，聖人的人道是超凡入
> 聖，臻達天道的成功幸福人生。人道，在人類的生活準則上
> 說，就是人間世界的倫理道德，社會人人以天道為依歸，盡人
> 事而知天命，盡行仁義於天下，便是推行人道、實踐人道。儒
> 家思想中的『下學而上達、君子修人道而達天道』，就是勉教
> 我們要以天道為天理準則，盡行人道而圓滿人道。最後，功成
> 果就，自然就會達天道，成道成聖，」[32]

三、善行地道之美

(一) 地道的意義

地道是天道運行所生發、變化的萬物萬象。簡言之，地道就是現象
界的萬有。

就易理而言，天道運行、天理流行於時空異，天道即萬綸萬象之原
理。天道是地道萬有的大本一理。地道分享天道天理而具有地道之物
理。

就易數而論，天道之運行，而元炁自生。天道靜而原理本有、而為
萬有之一本原，天道動而元炁自力，而為萬力之一本原炁（原動力）。
地道，就易數情況而言，就是萬有之生發變化及萬有之能量動力。

註[32]　黃培鈺，《儒道理學》，台南市：浩興出版社，1987.8.，頁250。

就易象而說，天道運行於時空之內而化作、而促使萬有之現象存在，包括以音聲表現的聲象及以光線照映的形象。從現象界觀之，地道就是萬萬物的存在現象。地道現象，包括萬物太和之總景象及萬物個別之現象。

（二）地道之美

《易經》所啟示的地道在易卦六爻中以初爻及二爻為表徵，在六十四卦中以坤卦為代表。地道是坤元，是萬象萬物之母元，萬有象物皆來自於地道，地道亦乃萬有生物之生命的資元。地道之理氣象皆來自於天道，且順承天道的法則而存在、而發展。地道之美依循天道而行其自然發育充實及美秀表現。吾人於地道之美，應效法天道與地道而享成中位之人道，則吾人之地道生活則可充實美矣。《易經》坤卦有云：

> 「至哉坤元。萬物資生。乃紬承天。坤厚載物。德合無疆。含弘光大，品物咸亨。」[33]

地道坤厚容載萬物，卑下善育，得自之生機，以卑下而上行，長養萬物柄綜不息，行其自然育化，於時空環境中，孕育氣質形象萬有，造成充實而美的世界。此乃地道之自然且充實的「地道之美」。

（三）善行地道之美的幸福

一位有道、有才德的君子學法地道之博享、坤柔得正中義理之位，勉勤以行，則地道事業成矣美矣。世人若能如此，則可享有生活之美的幸福。《易經》坤卦曰：

> 「君子黃中通，正位居體，美在其中。而暢於四支。發於事業，美之至也。」[34]

註[33]　《周易·坤卦·彖曰》。
註[34]　同上，〈坤卦·文言〉。

易學啟示善行地道之美的目的，乃在指導世人在地道生活上要開物成務、正德利用厚生，善治萬物、善理萬事，能創造、能發明，促使物質文明成就，發展科學利生、經濟惠民，達成充實之謂美的物質生活，助使天下萬民享有生命幸福。

伍　天人合德的幸福哲學

綜合上述有關天人合德及幸福的諸多理念，以原道儒學而歸納出以下五個命題：一、天性靈明。二、心數善修。三、身象美行。四、生命之完整性。五、生命價值與生命幸福，來述說《易經》天人合德的幸福哲學。

一、天性靈明

（一）天性的意義

《易經》之道，乃萬有根源的大本天道。天道運行，上天賦與宇宙萬物萬殊的自然天性。上天天理以一本散萬殊，賦與萬物個殊自性。人得天賦之性而享有「天性」。宋代大儒程明道先生說：

> 「蓋上天之載，無聲無臭，其體則謂之易，其理則謂之道，其用則謂之神，其命於人者則人之性。」[35]

道生萬物，上天之道，賦於人之性理就是靈性、亦即天性。上天自然賦人、物各有天命自性。朱子有二則之說：「天之賦於人物者謂之命，人與物受之者謂之性。」[36]「天命即天道之流行而賦與物者，乃事物所以當之故也。」[37]

註[35]　程明道，《二程語錄》。
註[36]　朱熹，《近思錄‧第一卷》。
註[37]　朱熹，《朱子集註》、《論語‧為政篇》。

天道運行、天理流行，萬物承受天命，而自然得有球當然之天性。天性在人、物之上，便是人、物所稟賦的自有性理。現代哲人唐君毅先生對天人合一之性理有所言及說：

> 「天命是人類所當行之道之理，即天之所為天之道之理，而賦與人以為人性者。知天命即知此天人合一之道之理之性而行之。」[38]

上天賦與人的性理，就是人的天性。上天賦性理在人之身上，即自然之道、理、性，此性理便是上天所賦人的「天性」。

（二）天性靈明的義諦

天性靈明即是上天賦與人的天生智慧。易道之易理在人身上就是天性，亦即自然性理。吾人的天性乃上天之賦與的本然性理，本是無聲無臭、無色無染，是自然清靜、虛靈玄應、本然光明。上天賦與吾人的原本靈性，就是天性靈明，亦即是天賦的性理真傳。天性是絕對天然自性，無凡俗之善惡、明暗、高低、喜悲、苦樂…等相對之性質存在。先天天性一落凡俗後天時空環境，妙化生心，於是有了善惡、明暗、高低、喜悲、苦樂…等相對的後天性質。真實具有天性靈明者，當然是得有最高生命價值與至高生命幸福之人。引申言之，人之相對、相較對待之心越多，天性靈明就隨之越少，其生命幸福也因之而失去越多。聖人至誠而達成天性靈明的最高境界，聖人也因而享有至高的生命幸福。

二、心數善修

（一）心數的意義

以易數的變化而論，人的天性下轉為人心，人心是變數的、是多變的。人心是來自於每個人在時空生活所自生的。上天生我們天性（靈

註[38] 唐君毅，《論孔子精神·吾十有五而志於學章引義》。

性），父母生我們身體，而我們自己生出我們的心。先天的靈性在後天的時空環境中，會自然產生妙化的反應，於是人心就生出來了。而且人心就從單純趨向複雜、從純善而趨向善惡雜陳。

（二）心數的作用

心數即時常變化的人心作用。天性在時空中會產生殊多的反映作用。因而任何人都會產生自己的心數，也使自己的心數產生各種殊多作用，諸如喜、怒、哀、樂、思考、考慮、辨別、判斷、決定、學習、記憶、創造、發明…等等抽象性的作用及能力。人心作用在時空中，權使引動人身產生行為動作。因此，人心就成為人身的主宰，人身為臣屬、人心為主人。

1. 人心就即是靈性下轉的知覺作用

朱子說：「主於一身者，謂之心。」[39]

朱子又說：「心者，人之知覺，主於身而應於事者。」[40]

2. 人心就是人身及行為的主宰

荀子曰：「心居中虛，以五官，夫是之謂天君。」[41]

荀子曰：「心者，形之君也，而神之主也。」[42]

王夫之先生說：「一人之身，居要者心也。」[43]

人心是人身之主，人心是經營及管理人身及行為的主君。本人曾說：「人心主宰著人身，人心亦具有學習、思考。判斷、取捨、決定、創造、發明等能力。」[44]

註[39] 朱熹，《近思錄·第一卷》。

註[40] 朱熹，《朱子語類·性理（一）》。

註[41] 荀況，《荀子·天論篇》。

註[42] 同上，〈解蔽篇〉。

註[43] 王夫之，《尚書引義·第六卷·畢命》。

註[44] 黃培鈺，《道學經論》，頁 107。

（三）心數善修的歸化

　　心數的歸化復性。人的心數依天道天理而善修，則可助使變數的人心歸化天性，使人心與天性合一的「復性」之天人合一境界。

　　責任之謂善。心數善修就是一個人能負起責任而修善其人心。易數用於人心，便是人心的心數變化。心數是人心的變數，也就是心的變化。靈性在時空環境中，就會產生人心，而人心卻時刻在變化中。變有變善或變惡。心數善修，就是吾人的人心變化要往好的方面去修持，若有不善則要改惡向善。心數善修的歸化向復性之目標前進，離復性目標越近，人的生命幸福越多。聖人的心數善修達成復性目標，其生命幸福即至為充實圓滿。

　　責任之謂善。負起責任便是行善。任何心思及作為，有合乎責任才能稱之為善。人心的變數當然要有「責任」的存在，才能謂之為心數善修。人心有易數變化的可能性存在，故人心是具有可塑性。教育及修善可使人心向善及存善。古來在生命的修行上，皆謂「修其心、存其性」及「修心養性」，其意即是說：「修行人要善修其心數、要存養其本然天性。」心數善修有利於平安順利的生命幸福。聖人心數善修而成就與天性合一的至高境界，臻達復性，聖人享有天人合一的第一等生命幸福。

三、身象美行

（一）身象的意義

　　人的身象就是人的身體及行為表現。人是由天性、人心與地身三要素所結構而成的生命體。於易道之學而論，天性乃易理之靈性，人心即易數之心數，易象是易象之身象。身象是人的現象界存在。

（二）身象的表現

身象包括人身及言行之現象。美行是充實與美德的言語和行為。充實圓滿就是美。充實善言善行，使自身無缺失而成就行為美德。孟子曰：「充實之謂美。」[45]

西方中世紀大哲學家聖多瑪斯認為美就是令人喜悅的事物。德國哲學家 W.Brugger 布魯格說：

> 「聖多瑪斯(St. Thomas Aquinas)認為美是看到時能予人喜悅的東西(quae visa placent)；因此，他是從美的經驗裡去瞭解美。大亞爾佰(Al-berthe Great)則主張美的基礎在於美的事物本身，而美的事物就美感的來源；他稱之為「形式的光輝(Splendor formae)」。」[46]

上述二則對美的觀念，在於事物的現象界的表現之美，而給與人的喜悅之美感。時空之中的事物現象的美善表現，一方面表現出事物具其本然之美；另一方面使體驗者產生感覺上的喜悅。

（三）身象美行的成果

身象美行於時空環境中，就是美的行為成果。依照易學之地道文化探討之，人身之存在於時空現象界中，有言語之聲象、有行為之形象。人之聲象與形象，就是人的現象界表現。引申論之，凡所有世人之身象、言行、作為及創作表現等，包括食、衣、住、行等「科學利生與經濟惠民」諸多創造發明之生活品物，皆包括在身象美行的範疇之中。人的身象美行的成果就是人生悠美、充實的表現及生命幸福的諸多成就，當然亦是人的生命美善價值。

註[45]　《四書‧孟子‧盡心篇下》。

註[46]　W.Brugger，《Philosophisches Worterbuch 西洋哲學哲學辭典》，先知出版社，頁387。

四、生命的完整性

　　生命的完整性是一個生命體的時空生命存在表現。人的靈心身三元合一就是生命的完整性。聖人所享有的生命完整性便是真善美的大集成。人的生命幸福要建立在生命的完整性之上。易道之完整性包括易理、易數與易象三元合一之完整性。易理在人身上乃天性之「理」、易數於人身上即人心之「數」，而易象則為地身上之「象」。有關人的生命完整性，本人曾從天性（靈性）、人心與身體三個元素的結合，來論說人類生命的完整性。本人曾淺述：

> 　　「人類享有最完整的生命機制。從人類的生命本體來說，人類的生命具有靈、心、身三元合一的完整性，人類以靈性、人心、肉身三要素的合一而享有人的生命完整性。凡能有生活存在的的人都有靈性、人心和肉身三位一體的完整性，有這靈、心、身三要素並以三要素合一而享其生活，而有其生存者，才可稱之為『完整的人』。」[47]

　　享有靈、心、身三元合一完整性的人，才是一個完整的人。人在其生命成長及發展過程中，從出生一直到死亡，原本都應當享有絕對之生命的完整性。但因人無法完全把生命過得充實圓滿，所以就無法享有有絕對之生命的完整性，只享有或多或少的生命完整性。人的生命幸福便建立在其生命的完整性之上。聖人至誠得有天人合德，以其超然且充實的生命完整性，所以聖人享有至善至美的生命幸福。

五、生命價值與生命幸福

　　任何一樣事物的價值，就是該事物的本然之善。一個得有生命價值的人，就是生命幸福的人。而且獲得生命價越高的人，他的生命幸福享有就越多。聖人享有至多的生命幸福，乃來自於至高的生命價值。

註[47]　黃培鈺，《生命教育通論》，新北市：新文京開發出版股份有限公司，2005.3.5，頁 18~19。

　　一個人明明德於自身可以創造其個人一己的生命幸幸福，其生命價值就是他個人的生命價值。聖人明明德於天下，以《易經》一本散萬殊的知行體用而行其外王的的功德，聖人為天下萬民創造生命幸福，所謂「一人有慶、萬民賴之」，造福有緣的天下蒼民。一位成道成聖的聖人所創造出的生命幸福就是天下萬民的生命幸福，聖人的生命價值是具有天下萬民的生命價值。

　　《易經》教示世人以天性、人心與地身三元合一的生命本體，在一生中善加經營管理「時」與「位」，以天然陽性的靈性結合現象陰質的肉身，引用天人合一而渡過人生、而創造生命幸福。凡人的生命幸福是一生一世。是有其圈限的，其生命價值在時位上亦是有限的。抱道守一的聖人在時位上是永恆且無遠弗屆的，因此聖人的生命價值與生命幸福自然是永恆和無遠弗屆的。

陸　結　論

　　遵照《易經》，修行上天大道，要以理數象三元與天人地三極之道，在人身上享有由先天陽性的靈性和後天陰質肉體所結合的天人合一；在生命意義上，享有與天地合其德、心性內聖涵養與天理合一、言行外王功德與上天合德，完成真善美合一而成道成聖的理想境界。

　　對個人來說，個人之天人合德的幸福，其目標有三：

一、於天道上，要享得天性和天性靈明。

二、於人道上，要享有平安和生命幸福。

三、於地道上，要享成經濟和健康長壽。

　　對宇宙而言，世人之天人合德的幸福，其目標有三：

一、於天道上、是萬靈復性與萬法歸根。

二、於人道上，是人類和平與世界大同。

三、於地道上，是科學利生與經濟惠民。

　　以易學為應用，而從事於理數象三合一的事物創作或品物的產出。人類以天性的智慧而自然生發出聰明睿的人心。進而發現或發明「創作事物」之原理，再研究、引用物質的能量和動力，透過不斷的試驗與開發，以至於創造出生活所需求的事物。這就是易學創意的理數象合一的品物創作，亦是文化產物之研發創作與產出經濟品物，用以利濟天下與造福世人。這就是以易學三義而創造生命幸福，而提升生活品質。

　　理數象三元合一才能有創作立象。理乃形式原理。數即變化氣數。象則為時位中之現象。人類以「地身」人身之感官而覺知「象」之存在，以「人心」心數之領會而察知「數」之過程，以「天性」靈明的智慧而悟知「理」之存有。易之三義，確實可以啟示與指導吾人之天性、人心、地身三元合一而造就世人之生活、而助使世人享有生命幸福。

　　自鴻古而來，具有內聖與外王大成就的先古聖王與聖哲研易、用易以利世福民、教民養民，於是先古聖王皆有理數成象的開物成務，也都能以「通天下之志、以定天下之業、以斷天下之疑」而惠澤天下萬民、而為天下蒼民創造生命幸福。諸如伏羲聖帝、神農聖帝、黃帝、帝堯、帝舜等先古聖王亦教民以理數象三合一而創作文化文物而製造生活用具及品物。在《易經‧繫辭下傳》中所記載：刳木為舟、剡木為楫、重門擊柝、斷木為杵、掘地為臼、弦木為弧、剡木為矢等皆是聖王、聖哲應用易學之理數與象三元合一而創作的生活需用品物、而創造福利於民，且帶給天下人生命幸福。

　　在世人的生命過程上，人類的生命在所有的生物生命中是最具完整性的，故有「人為萬之靈」的說法。生物是具有生物性的生命，動物是具有生物性的生命和感覺性的生命，而人類是具有生物性的生命、感覺性的生命和心靈性的生命。人類因此而居萬物中最高等、最靈長的動物

之地位。人類具有植物性生命、動物性生命及人類理性生命。而在人類億萬民中，聖人以其天賦靈性而自生智慧而持有天性靈明，以其智慧而生出聰明睿知的人心，再以知行合一而運用人身作為創造出「舉而措之天下之民」的事業，崇德廣業而造福天下人、而成就世人的生命幸福。聖人臻達天人合德，因而享得至高的生命價值與與生命意義。成道成聖的聖人以其天人合德之大成就而永享至高至善的生命幸福。

參考書目

1. 《小戴禮記‧哀公問》。

2. 王夫之，《尚書引義‧第六卷‧畢命》。

3. 《四書‧論語》。

4. 《四書‧孟子》。

5. 《四書‧中庸》。

6. 朱熹，《近思錄‧第一卷》。

7. 朱熹，《朱子語類‧性理(一)》。

8. 李煥明，《易經的生命哲學》，台北市：文津出版社，1997.5.。

9. 《周易》。

10. 周敦頤，《太極圖說》。

11. 《尚書‧泰哲‧上篇》。

12. 荀況，《荀子‧天論篇》、《荀子‧解蔽篇》。

13. 唐君毅，《論孔子精神‧吾十有五而志於學章引義》。

14. 《書經‧周書‧大誥》。

15. 《淮南子‧原道篇》。

16. 張特生，《中國歷史思想家二三・韓越》，台北市：台灣商務印書館。

17. 程明道，《二程語錄》。

18. 黃培鈺，《道學經論》，台南市：浩興出版社，1990.10.10.。

19. 黃培鈺，《生命教育通論》，新北市：新文京開發出版股份有限公司，2005.3.5.。

20. 黃培鈺，《孔孟聖道的文化傳承》，台南市：浩興出版社，2009.7.15.。

21. 黃培鈺，《幸福之來源》，台北市：浩興出版社，1990.10.10.。

22. 《詩經・大雅・大明章》。

23. 戴東原，《孟子字義疏證・道》。

24. W.Brugger，《Philosophisches Worterbuch 西洋哲學哲學辭典》，先知出版社。

參考書目

1. 張春興(2002.10)，《張氏心理學辭典》，台北市：東華書局。

2. 林欽榮(2002.2)，《人際關係與溝通》，台北市：揚智出版社。

3. 黃培鈺(2002.4)，《生命教育通論》，新北市：新文京開發出版股份有限公司。

4. 楊慕慈(2002.5)，《人際關係與溝通》，台北市：禾楓書局。

5. 鄭佩芬(2003.9)，《人際關係與溝通技巧》，台北市：揚智出版社。

6. 徐西森等(2002.11)，《人際關係的理論與實務》，台北市：心理出版社。

7. 魏希聖、謝雅萍譯(2004.2)，《人際關係 Human relationships》，Steve Duck 著，新北市：韋伯文化公司。

8. 曾仕強、劉君政(2000.9)，《和諧的人際關係》，台北市：亞慶公司。

9. 曾端真、曾玲珉譯(2000.3)，《人際關係與溝通》，台北市：揚智出版社。

10. 曾仕強(2003.4)，《儒家管理哲學》手稿、前言。

11. 方東美(1985.11)，《原始儒家道家哲學》，台北市：黎明書局。

12. 項退結編譯(1976)，《西洋哲學辭典，原著者德國 Brugger》，台北市：先知出版社。

13. 林正福譯(2001.8)，《人際關係，Interpersonal Relationships》Diana Dwyer，台北市：弘智文化事業。

14. 何國華(2003.6)，《人際溝通》，台北市：五南出版公司。

15. 陳皎眉、鄭美芳(2002.5)，《人際關係與溝通》，台北市：大中國圖書公司。

16. 李常傳譯，守屋洋著(1992.6)，《中國古典人際學》，台北市：新潮社文化公司。

17. 曾仕強、劉君政(2002.8)，《人際關係與溝通》，台北市：百順公司。

18. 黃惠惠(2000.9)，《自我與人際溝通》，台北市：張老師文化公司。

19. 張寶蕊(2003.7)，《人際關係的藝術》，台北市：水牛出版社。

20. 《哲學哲典》，台北市：貓頭鷹出版社。

21. 林仁和(2003.3)，《人際溝通》，台北市：洪葉文化公司。

22. 蔡秀玲、楊智馨(2002.9)，《情緒管理》，台北市：揚智出版社。

23. 洪英正、錢玉芬編譯《人際溝通》，台北市：學富文化公司。

24. 《學典》(1991.5)，台北市：三民書局。

25. 曾仕強、劉君政(2000.9)，《圓滿的溝通》，台北市：亞慶公司。

26. 曾仕強(1993.7)，《現代化的中國式管理》，台北市：聯經出版社。

27. 方東美(1980.10)，《生生之德》，台北市：黎明文化公司。

28. 《四書・論語》。

29. 牟宗三(1998.5)，《中國哲學的特質》，台北市：學生書局。

30. 《四書・孟子》。

31. 《四書・大學》。

32. 《四書・中庸》。

33. 《禮記・禮運篇》。

34. 羅光(1988.11)，《生命哲學》，台北市：學生書局。

35. 陳立夫等合著(1980.11)，《中華民族的歷史文化》，台北市：中央文物供應社。

36. 羅光(1980.11)，《儒家形上學》，台北市：輔仁大學出版社。

37. 閻韜(1995.5)，《孔子與儒家》，台北市：台灣商務印書館。

38. 楊惠傑(1981.1.10)，《天人關係論》，台北市：大林出版社。

39. 馮滬祥(1993.10)，《中國文化哲學》，台北市：台灣學生書局。

40. 林尹(1981.10)，《國學術思想大綱》，台北市：台灣商務印書館。

41. 黃培鈺(2005.3.5)，《生命教育通論（第二版）》，新北市：新文京開發出版股份有限公司。

42. 成中英(1995.7)，《易經管理哲學》，台北市：東大圖書公司。

43. 傅佩榮(1998.8)，《儒到天論發微》，台北市：學生書局。

44. 方東美(1987.7)，《中國人生哲學》，台北市：黎明文化公司。

45. 史仲序(1980.6)，《中國文化與立國之道》，台北市師大路四十五號五樓（作者自己出版）。

46. 韋政通(1994.3.20)，《中國哲學辭典》，台北市：水牛出版社。

47. 錢穆(1981.10)，《中國歷史精神》，台北市：東大圖書公司。

48. 方東美(1987.7)，《原始儒家道家哲學》，台北市：黎明文化公司。

49. 梁漱溟(1988.5)，《中國文化要義》，台北市：五洲出版社。

New Wun Ching Developmental Publishing Co., Ltd.
New Age · New Choice · The Best Selected Educational Publications—NEW WCDP

新文京開發出版股份有限公司

NEW WCDP

新世紀・新視野・新文京 ― 精選教科書・考試用書・專業參考書